68운동

Vita 개념사 12
Activa

이성재 지음

책세상

차례

3장 | 68운동은 무엇을 남겼는가

4장 | 68운동을 어떻게 평가할 것인가

5장 | 68운동과 한국 사회

1장

왜 지금 68운동인가

프랑스 유학 당시 나는 파리의 한 기숙사에서 통틀어 1년 정도를 살았다. 대학도시Cité Universitaire라는 곳이었는데 이곳에는 국가별로 기숙사 건물이 있었다. 즉 영국관, 미국관, 일본관, 캄보디아관 식으로 기숙사마다 국가 이름이 붙어 있고, 그 나라의 특색이 반영된 기숙사에는 다양한 국가의 학생들이 함께 거주했다.

유학 초기에 나는 네덜란드관에서 살다가 유학이 거의 끝날 즈음에는 이란관에서 살았다. 이곳은 한국의 일반 기숙사와는 달리 남녀가 함께 한 건물에서 거주하며 부엌과 샤워실, 화장실을 공동으로 사용했다. 처음에 나는 이런 규정이 퍽 이상했다. 특히 화장실과 샤워실을 공동 사용하는 데 적잖은 불편을 감수해야 했다. 나중에 나는 이런 문화가 바로 68운동에서 연유했음을 알게 되었다. 책에서나 보던 혁명 이후의 변화를 일상에서 느낀 소중한 경험이었다. 이외에도 남녀 간의 동거 문화나 권위를 내세우지 않는 교수의 태도를 접하면서 1968년의 사건이 어떻게 프랑스 사람들의 일상으로 파고들었는지를 확인할 수 있었다.

물론 프랑스 사회가 68운동의 결실을 지금도 얼마나 간직하고 있는지는 확실히 모르겠다. 68운동이 반대했던 인종 차별, 소수자 차별, 그리고 권위 의식이 여전히 이 사회에도 존재하기 때문이다. 다만 확실한 점은 내가 신기하게 여긴 앞의 예들에 대해 그들이 자주 68운동의 결과라고 말했다는 사실이다. 또한 프랑스 사람들이 '상상력'이라는 말만 나오면 68운동을 떠올린다는 점 역시 매우 흥미로운 일이다.

1968년에 프랑스에서는 도대체 어떤 일이 일어났으며, 왜 프랑스 사람들 사이에는 이런 인식이 이처럼 널리 퍼져 있는 것일까? 1968년 이전에 프랑스의 상황은 어떠했기에 그들의 일상 속에 68운동은 이렇게 깊이 뿌리를 내린 것일까? 이 책은 바로 이러한 질문에서 출발한다. 프랑스인들의 일상에 변화를 가져온 그것은 과연 무엇이었는가?

1

68운동과 현재

68운동은 1960년대 후반 유럽, 아메리카, 동유럽, 일본 등지에서 권위주의 타파, 기성 질서에 대한 거부 그리고 새로운 창의성과 상상력의 확대라는 구호를 내걸고 전개된 역사적 사건을 의미한다. 운동을 주도한 대학생들은 성 해방을 외쳤고, 무료함을 배격했으며, 자신들의 욕망을 숨김없이 드러냈다. 그들은 또한 인종 차별과 남녀 차별 등 모든 차별에 반대했으며, 소비 사회·베트남 전쟁·소련 공산주의를 비판하고, 민주주의·자유로운 토론·소수자의 권익을 옹호했다.

이에 기성세대는 학교를 다닐 수 있고, 배고픔을 겪지 않아도 되는 시대에 학생들이 왜 이런 주장을 하며 시위를 하는지 이해하지 못했다. 그들 눈에 비친 젊은이들의 행동은 배부른 고민에 불과했다. 그러나 학생들은 대학을 점거했고 경찰과의 물리적 충돌은 거리 곳곳에서 일어났다. 운동 양상에서도 단일한 조직을 바탕으로 하기보다 무정부주의적이고 초현실주의적인 색채

'모든 권력을 상상력에게'·'불가능한 것을 요구한다'·'금지하는 것을 금
지한다'·'파괴의 열정은 창조적 희열이다'·'서른이 넘은 사람은 그 누구
도 믿지 말라'·'우리 안에 잠자고 있는 경찰을 없애야 한다'

68운동을 상징하는
이미지들

를 띠며 기존 운동 방식과 큰 차이를 보였다. 이러한 차이는 당시
학생들이 외친 '모든 권력을 상상력에게', '불가능한 것을 요구한
다', '금지하는 것을 금지한다', '파괴의 열정은 창조적 희열이다',
'서른이 넘은 사람은 그 누구도 믿지 말라', '우리 안에 잠자고 있
는 경찰을 없애야 한다' 등의 구호에서도 확인할 수 있다.

　프랑스의 사회학자 에드가르 모랭Edgar Morin은 이에 대해 "20세
안팎의 청년들이 공동체와 자유에 대한 염원을 갖고 처음으로 독
립된 계층으로서 자기 존재를 선언한 사건"이라고 말하면서 과
거 기성세대와의 단절과 이를 통한 새로움의 추구라는 68운동의
성격을 높이 평가했다. 1986년에 이탈리아의 기호학자 움베르토
에코Umberto Eco는 "1968년이 가져온 가시적인 모든 흔적이 사라지
기는 했지만, 이는 적어도 유럽에서는 우리가 서로 행동하고 관
계 맺는 모든 방식을 크게 바꿔놓았다. 사장과 노동자, 학생과 교
사, 심지어는 부모와 자녀 간의 관계에서도 일대 변화가 발생했

다니엘 콘 벤디트

낭테르의 사회학과 학생이던 콘 벤디트는 붉은 머리카락과 대중 앞에서 선보인 화려한 언동으로 '빨갱이 다니'라는 별명을 얻었다. 독일계 유대인 난민의 아들인 콘 벤디트는 라인 강 양편(프랑스와 독일)에서 어린 시절을 보냈고, 군복무를 피하기 위해 독일 국적을 택했다. 낭테르에서 벌인 활동 때문에 프랑스 당국은 그를 추방하려 했다. 우파와 공산당은 콘 벤디트를 외국인 선동가라고 비방했고, 학생과 노동자들은 이에 맞서 "우리 모두는 독일계 유대인이다"라는 구호를 내세웠다.

다. 이들 관계는 이제 예전과 같을 수 없을 것이다"*라고 말했다. 실제로 많은 사람이 1968년을 기점으로 기존의 폐쇄적 관계에서 벗어나 창조, 상상력 그리고 욕망을 자유롭게 이야기할 기반이 마련되었다고 생각했다.

그러나 최근 프랑스에서는 68운동에 대한 부정적 평가가 심심찮게 나온다. 현재 프랑스 대통령 니콜라 사르코지Nicolas Sarkozy는 2007년 대통령 후보 당시에 68운동에 대해 언급하기를 "이 운동의 과도한 평등주의 사상으로 자본주의의 도덕적 가치가 훼손되었고 시민 정신이 손상되었다. 프랑스에 성과와 보상의 원칙 그리고 땀의 가치가 되살아나도록 하겠다"라고 주장했다. 그는 심지어 황금만능주의, 단기 이익의 추구, 노동 가치의 폄훼, 교육과 지식 전수에 대한 무시와 경멸 등이 모두 이 운동에서 기원했다며 "68운동이 남긴 유산을 청산해야 한다"고 선언했다.

니콜라 사르코지

이에 68운동의 주역이자 현재 녹색당 유럽의회 의원인 다니엘 콘 벤디트Daniel Cohn-Bendit(1945~)는 "학교와 직장에서 자율과 민주주의를 꿈꾼 것이 우리 죄인가? 여성과 남성이 자유로이 자기 몸에 대해 결정할 수 있고, 여성들이 낙태할 수 있는 권리를 가진 세상을 만든 것이 우리의 죄냐"고 응수했다. 《나의 1968년 5월Mon Mai 1968》을 펴낸 68운동의 또 다른 주역 알랭 제스마르Alain

---

* 조지 카치아피카스, 《정치의 전복—1968 이후의 자율적 사회운동》, 윤수종 옮김(이후, 2000), 48쪽에서 재인용.

68운동은 과거의 사건인 동시에 현재의 사건이다. 특히 프랑스의 68운동은 매우 광범위한 요구 사항을 제시했고, 다른 나라와 달리 학생과 노동자들이 연대했다는 점에서 더욱 주목할 필요가 있다.

Geismar(1939~)는 《뉴욕 타임스》와 한 인터뷰에서 "이혼 경력 등 화려한 사생활에, 유대계에 뿌리를 둔 사르코지가 대통령이 될 수 있었던 것도 68혁명이 만들어놓은 문화의 변화 덕분"이라고 주장하며 대통령 사르코지를 비판했다.

다니엘 콘 벤디트

68운동에 대한 이러한 상반된 평가는 이후 정치적 논쟁에서 늘 빠지지 않고 등장한다. 이 때문에 68운동은 과거의 사건인 동시에 현재의 사건이다. 우리가 68운동의 원인, 과정, 결과를 통해 이 운동이 지닌 세계사적 의미를 짚어보고자 하는 이유도 바로 여기에 있다. 물론 한국 사회는 1968년 당시에 이 운동이 함의하는 철학적 고민을 공유하지는 못했다. 하지만 68운동이 실현하고자 했던 가치는 이후 한국 사회에서도 서서히 퍼져가고 있다. 한 예로 2008년에 있었던 촛불 집회는 그 양상에 있어서 유럽의 68운동을 연상시키기에 충분했는데, 바로 이 때문에 68운동은 우리에게도 현재의 사건이 된다. 다만 이 작은 책에서 모든 나라의 68운동을 다 다룰 수는 없으므로 68운동의 대명사로 불리는 프랑스를 중심으로 그 양상을 살펴보고자 한다. 특히 프랑스의 68운동은 매우 광범위한 요구 사항을 제시했고, 다른 나라와 달리 학생과 노동자들이 연대했다는 점에서 더욱 주목할 필요가 있다.

2

68운동의 원인

대학의 문제

프랑스에서 68운동은 대학에서부터 시작되었다. 그 이유는 열악한 대학 환경과 교육 현실 때문이었다. 먼저 이 시기에 대학생 수가 크게 증가했다. 프랑스의 대학생 수는 제2차 세계대전 후 10만 명도 안 되었으나, 1960년에 20만 명을 넘어섰고 1960년대 말에는 65만 1천 명에 이르렀다. 이는 베이비붐 세대가 대학에 들어가고 공교육이 크게 확장되었기 때문이다. 그만큼 프랑스 사회는 경제 성장과 함께 인재가 많이 필요했다. 그러나 대학생들의 출신이 다양해지고 그 수가 증가하자 기존 엘리트로서의 대학생의 위상 역시 변화하게 되었다. 1960년대 말에 이르면 대학생들은 더 이상 지도층 출신이 아니라 대체로 중간 계급 출신이었으며, 이들의 사회 진출은 점차 어려워졌다. 문학부 특히 새로운 분과인 심리학과 사회학에서 실업과 사회적 갈등의 우려는 특히 심했다.

또한 대학 공간의 협소함, 대형 강의의 범람, 암기와 주입식에 의존하는 교수들의 상투적 강의, 행정의 중앙 집중화와 관료주의, 교수와 학생 간의 위계적 관계, 대학 교원 수의 부족 등에 대한 불만이 학생들 사이에 점점 더 쌓여갔다. 프랑스의 경우에는 기숙사에 통금 시간이 있었고 남학생들은 여자 기숙사를 방문할 수 없다는 규정이 있었다. 독일의 경우에는 기업가 조직인 전국경제인연합BDI이 '학문과 경제의 대화 모임'을 결성해 대학의 연구를 지원하는 동시에 통제 기능을 행사하기도 했다.

이러한 환경에서 학생들은 대학 생활에서 자유를 느끼기보다는 숨 막히는 타율성을 강요받을 수밖에 없었다. 따라서 학생들이 '부르주아 사회를 충직하게 지키는 개'가 되기를 거부하고 자유로운 토론과 대화의 권리를 학교 당국에 요구한 것은 당연한 일이었다. 교수들 간의 위계적 관계에 대한 불만도 매우 커서 대체로 조교와 조교수들은 1968년 5월 집회에서 학생들 편에 섰다. 교원들의 '프롤레타리아화' 역시 학생들의 어려움과 함께 증가했는데 이는 당시 전국고등교원조합SNES-Sup의 집회 참여를 통해 확인할 수 있다.

세대 간의 갈등

68운동의 원인에는 세대 간의 갈등이 깊이 내재해 있었다. 68세대의 부모들은 대체로 1910~1915년에 태어난 사람들로서, 이들 중 약 4분의 1은 제1차 세계대전으로 부모를 잃었으며 4분의 1은 부모가 부상자였다. 이들은 젊은 시절을 제1차 세계대전과 제2차 세계대전 사이의 경제 위기 속에서 보냈고, 실제로 많은 사람이 제2차 세계대전에 참전하기도 했다. 이에 반해 68세대는 1945~1950년에 태어난 첫 베이비붐 세대였다. 이들은 전쟁의 고통을 겪지 않았으며 '번영의 30년(1945~1975)'에 풍요를 누

1950년대 미국
베이비붐 세대의
풍요로움을 보여주는
집안 내부

1960년대의 새로운 세대에게 중요한 것은 물질적 풍요가 아니라 정신적, 지적 자유라는 사실을 기성세대는 받아들이지 못했다.

리며 성장한 사람들이었다.

이처럼 서로 다른 배경에서 기성세대는 이 풍요로운 시대에 왜 학생들이 거리에 나와 시위를 하는지 이해하지 못했다. 그들은 자신들의 경험과 희생만을 내세우며 학생들이 모두 제정신이 아니라고 생각했다. 그러나 새로운 세대는 오히려 기성세대들이 물질적인 것에만 치중하며 자본주의의 틀 속에 빠져 있다고 비판했다. 1960년대의 새로운 세대에게 중요한 것은 물질적 풍요가 아니라 정신적, 지적 자유라는 사실을 기성세대는 받아들이지 못했다.

물론 이러한 세대 간의 갈등은 늘 존재해왔고, 언제나 그렇듯 경제 문제로 쉽게 귀결되었다. 급속한 산업화를 경험한 한국도 예외는 아닐 것이다. 경험과 연륜이 사회의 중요한 기준이 되는 구조 속에서 젊은이들은 항상 답답함을 느꼈다. 반대로 부모 세대들은 "철이 덜 들었다"라는 말로 기성세대 자신들의 이데올로기를 강요했다. 68세대가 주장한 소비 사회와 물질주의에 대한 비판은 이러한 이데올로기에 대한 반감의 표출이었다고

1967년 퀘벡에서 열린 델로니어스 몽크 Thelonious Monk 의 재즈 연주

예-예 열풍

1960년대 프랑스에서 일어난 로큰롤 문화의 유행 열풍을 말한다. 소비 지향적인 전후 베이비붐 세대가 이 열풍을 선도했는데, 특히 여성 가수들이 선두에 섰다. 실비 바르탕, 프랑수아 아르디, 프랑스 골 등 여성 가수들은 섹시하면서도 순진한 모습으로 춤을 추며 예예풍의 노래를 불렀다. 1963년 6월 22일 15~20만 명의 젊은이들이 파리 나시옹 광장에 모여 《안녕 친구들Salut Les copains》이라는 잡지의 1주년 기념 행사를 열었을 때 열풍은 절정을 이루었다. 이 행사가 끝난 후 사회학자 에드가르 모랭이 이 젊은이들을 가리켜 '예-예'라고 한 데서 이름이 유래했다.

할 수 있다. 이 같은 반감은 문화적으로는 재즈와 로큰롤로, 특히 프랑스에서는 춤과 노래로 소일하는 예-예Yé-Yé 열풍으로 나타났다.

기성 정치에 대한 환멸

프랑스의 정치 상황 역시 새로운 세대들에게 반감을 불러일으켰다. 1968년 당시 프랑스에서는 1958년에 제5공화국이 출범한 후 샤를 드골Charles de Gaulle(1890~1970)이 10년째 정권을 잡고 있었다. 좌파 세력은 계속해서 약해졌으며 우파 세력은 정치적 안정을 바탕으로 경제 발전을 추진하고 있었다. 예를 들어 제4공화국이 집권한 14년 동안 스물네 차례의 내각 개편이 있었던 데 반해, 제5공화국은 1958년부터 1969년까지 내각 개편을 단 세 차례밖에 하지 않았다. 이는 드골 정권의 안정 국면을 잘 보여준다고 할 수 있다. 드골의 '위대한 프랑스의 재건'이라는 기치는 이런 배경에서 순조롭게 진행되는 듯했다. 드골이 1968년 신년사에서 "1968년, 나는 올해를 평온하게 맞이한다"라고 말했을 때, 이것은 바로 우파의 정치적 자신감을 반영하는 것이었다.

그러나 다른 한편으로 드골 정부의 카리스마적 중앙 집권제와 의회 기능의 약화는 민주주의의 위기를 불러왔다. 드골이 강

1968년 독일 대사의 취임식에 참석한 드골(오른쪽)

68운동 당시 드골은 기성세대를 상징하는 인물이었다. '위대한 프랑스의 재건'이라는 기치 아래 드골 정권은 카리스마적 중앙 집권제를 바탕으로 안정적 국면을 이어갔으나 '드골 10년 지긋지긋하다'는 시위대의 구호 에서 볼 수 있듯이, 권위를 내세운 드골 정부에 대한 반감은 68운동의 한 원인이 되었다.

조했던 위계질서를 바탕으로 한 관료 행정은 효율적이고 합리적인 일 처리를 가능하게 했지만 대중들은 자율성의 박탈을 느꼈다. 시위 당시의 '드골 10년, 지긋지긋하다'는 구호에서 볼 수 있듯이, 권위를 내세운 드골 정부에 대한 반감은 68운동의 한 원인이 되었다. 또한 1960년대 후반부터 나타난 제조업의 쇠퇴와 이에 따른 경기 침체를 드골은 너무 가볍게 생각하고 있었다. 실제로 1967년부터 실업 문제가 고개를 내밀었고 지역 간 불균형과 여성, 외국인 노동자들의 저임금 문제 역시 사회 문제로 떠오르고 있었다. 1968년 초에는 1964년보다 실업자가 네 배나 증가했으며 그중 절반이 25세 이하의 청년들이었다.

이와 함께 기존 좌파 정당에 대한 실망 또한 68운동의 원인이었다. 당시의 좌파 정당들은 겉으로는 혁명을 말하고 있었지만 실제로는 어떤 변화도 바라지 않았다. 노동조합 역시 1960년대에 들어서면서 점차 노동 귀족화하는 모습을 보이기 시작했다. 1968년 통계를 보면 노동총연맹CGT은 200만 노조원을, 프랑스민주노동연맹CFDT과 노동자의힘FO은 각각 60만 노조원을 거느리고 있었다. 노조 지도부들은 노조원의 회비만으로도 안정된 삶을 누릴 수 있었으나 실제로 노동총연맹의 경우 노조원들이 임금의 1퍼센트를 회비로 납부하고 있었다. 이에 학생들과 청년 노조원들은 지도부를 불신했고, 서로에 대한 반감은 5월 13일 모임에서 학생들이 좌파 정당의 시위 참가를 공식 거부하는 형태로 나타났다. 5월 22일에는 노조 지도부 역시 학생과의 연대를 포기하기에 이른다.

독일에서도 사회민주당SPD이 점차 자본가들과 영합하고 베트남 전쟁에 대한 비판의 수위를 낮춰가자 학생들은 이에 크게 실망했다. 특히 보수 성향의 기민당과 이룬 대연정은 이런 상황에 기름을 붓는 격이었다. 이후 독일사회주의학생연맹SDS은 기성 정당과 결별하고 독자적 운동을 펼쳤는데 이것은 '의회 바깥의 운동'이라는 양상으로 나타났다.

이미 1966년부터 학생들의 정치의식은 매우 고양되고 있었는데 그 기저에는 미국의 명분 없는 베트남 전쟁이 있었다. 학생들은 이 전쟁을 반대했고 더 나아가 제3세계의 해방으로까지 관심을 넓혀 나갔다. 물론 그 배경에는 군부와 우파에 맞서 알제리 해방 운동을 지지했던 장 폴 사르트르Jean-Paul Sartre, 시몬 드 보부아르Simone de Beauvoir, 장 셰노Jean Chesneaux 같은 프랑스 지식인과 학생들의 활동이 있었다. 또한 체 게바라Che Guevara와 혁명 활동을 함께했던 프랑스 청년 레지스 드브레Régis Debray의 모습 역시 학생들에게 큰 감명을 주었다. 68운동 당시 마오쩌둥毛澤東, 피델 카스트로Fidel Castro, 체 게바라, 호치민胡志明 같은 제3세계 혁명가들에 대한 학생들의 열렬한 지지는 어렵지 않게 확인할 수 있다.

이와 더불어 미디어 혁명은 대중들의 정치적 관심을 증폭시켰다. 우선 대중들은 베트남 전쟁의 실상을 안방에서 생생하게 보

1960년 베이징에서
만난 체 게바라(왼쪽)
와 마오쩌둥(오른쪽)

면서 이 전쟁의 참혹함을 피부로 느낄 수 있었다. 또한 1968년 2
월 17일부터 18일까지 독일에서 열린 국제 베트남 회의를 수많
은 기자와 방송 리포터들이 중계했으며, 같은 해 8월 시카고에
서 열린 미국 민주당 전당 대회 역시 여과 없이 방송되었다. 프
랑스에서는 68운동의 와중에 발생한 경찰의 무차별적인 학생
폭행 장면이 방송되자, 사람들이 정치 이념과 상관없이 정권에
대한 비판 의식을 가지기 시작했다.

물론 오래전부터 일부 학생들은 정치 세력화해나갔다. 새로운
점은 기존 정치 세력을 대체하는 새로운 정치 세력들이 동시다
발적으로 나타났다는 사실이다. 즉, 알제리 전쟁에 적극 가담한
전국프랑스학생연합UNEF은 대의체의 성격을 상실하고 극좌 조

1960년 보부아르(왼쪽)와 사르트르(가운데)가 쿠바를 방문해 체 게바라(오른쪽)와 만나고 있다

68운동 당시 학생들이 베트남 전쟁에 반대하고 제3세계의 해방으로까지 관심을 넓혀 나간 배경에는 사르트르, 보부아르, 셰노 같은 프랑스 지식 인들의 활동이 있었다. 또 학생들은 마오쩌둥, 카스트로, 체 게바라, 호치 민 같은 제3세계 혁명가들을 열렬하게 지지했다.

제4인터내셔널

러시아의 혁명가 트로츠키와 그의 동료들이 국제 공산주의 운동을 위해 1938년에 프랑스 파리에서 만든 조직이다. 제3인터내셔널(코민테른)이 스탈린의 일국 사회주의에 동조하자 반스탈린주의를 기치로 내걸고 연속적인 세계 혁명을 시도했다. 그러나 1940년 8월 트로츠키가 스탈린의 비밀경찰에 의해 암살당하자 쇠퇴하기 시작했다. 트로츠키는 스탈린 치하의 소련이 관료적으로 타락했지만 그래도 노동자 국가라고 규정했으며 이후 벨기에의 에르네스트 만델Ernest Mandel도 이 관점을 고수했다. 그러나 영국의 토니 클리프Tony Cliff는 소련을 노동자 국가가 아닌 국가 자본주의로 규정했다.

베트남 전쟁은 1968년 전 세계의 중요한 이슈였다

직들이 전략적으로 장악하려는 대상이 되고 말았다. 극좌 조직들에서 공산당은 더 이상 우위를 점하지 못했으며, 결국 공산주의학생연합UEC은 1966년에 해체된다. 이후 제4인터내셔널을 지지하는 알랭 크리빈Alain Krivine이 주도하여 혁명공산주의청년JCR을 만들지만 이 조직 역시 트로츠키주의자 전체를 대변하지는 못했다. 이들 외에도 다른 트로츠키 조직인 혁명학생연락위원회CLER, 상황주의자Situationnistes, 무정부주의자, 마오쩌둥주의자, 통합사회당 소속 학생들의 조직 등이 활동했다. 독일 역시 기성 정당에 대한 환멸은 여성 혁명가 로자 룩셈부르크Rosa Luxemburg와 마르크스주의 이론가 카를 코르슈Karl Korsch 같은 비정통 이론가 선호로 이어졌다. 소련의 스탈린식 사회주의에 대한 환멸, 중소 분

쟁, 이탈리아의 다중심주의 등은 정통성에 대한 새로운 인식을
확산시켰으며 학생들의 정치화를 촉발했다. 이러한 양상은 대표
를 통한 민주주의의 실현이라는 대의제 양식에 대해 이들이 거
부 의사를 표명하고 있었음을 의미한다. 실제로 좌파와 우파를
막론하고 정치 대표들은 엘리트주의에 빠져 정치 독점을 추구하
고 있었다. 따라서 권위주의의 타도를 주장했던 68운동의 비판
대상에 이들 모두가 포함될 수밖에 없었던 것은 어쩌면 당연한
일인지도 모른다.

68운동과 자주 관리

경제 성장과 이를 통해 생활 수준의 향상을 이룩한 1960년대는 경제 지표상으로만
볼 것이 아니라 그에 따른 빈부 격차와 상대적 박탈감의 측면에서도 바라보아야 한다.
번영 속에서 혜택을 누리지 못한다는 소외감은 68운동에서 노동자들이 총파업을 일
으킨 한 원인이었다. 경제 불안 역시 이미 진행 중이었는데 1967년의 전 세계적인 물
가 상승으로 가계 소비는 위축되었고 실업도 계속 증가했다.

노동자들이 학생 운동에 동참했던 이유는 노동자 집단의 성격 변화에서 그 원인을 찾
을 수 있다. 1968년 당시 노동자들은 임금 인상과 노동 조건의 개선이라는 기존 주장
에서 벗어나 있었다. 노동자들은 노동자의 경영 참여와 자주 관리를 주장했으며, 경제
투쟁의 한계를 넘어 노동 소외라는 정신적 문제를 지적했다. 이것은 프랑스에서 임금
인상을 포함한 그르넬Grenelle 협정*을 노동자들이 거부했다는 점에서 잘 나타난다.

파업에 참가한 노동자들 가운데 국영 텔레비전 방송의 사무직, 기술직 노동자들은 프
로그램과 보도 방송의 자율성과 편성 참여를 요청했으며, 공공 부문과 대형 백화점 노
동자들도 이러한 주장을 외치며 파업 물결에 가세했다. 이처럼 당시 노동자들의 파업
에는 확실히 경제적 임금 문제를 넘어서는 불만 사항이 작용했음을 알 수 있다. 특히
파업이 노조가 아닌 학생들의 움직임에서 자극받은 자발적 노동자들을 중심으로 전
개되었다는 점에서 기존 노동 운동과 차별성을 보였다.

독일의 역사학자 잉그리트 길허–홀타이Ingrid Gilcher–Holtey는 자신의 책 《68운동―
독일, 서유럽, 미국Die 68er Bewegung : Deutschland, Westeuropa, USA》에서 비공산주

---

* 그르넬 협정이란 1968년 5월 27일에 노동총연맹, 경영자, 정부가 협상해 발표한 것으로, 520
프랑의 최저임금제 확립, 10퍼센트의 임금 인상, 노동 협약 실시, 취직 대책, 고용과 직업의 남
녀 혼성위 구성, 기업 내의 노조권 확인 등의 내용을 담고 있다. 현장의 노동자들은 이를 거부
하고 파업을 계속해서 이어갔지만 6월에 접어들면서 파업의 열기는 식어갔다.

의 노동조합인 프랑스민주노동동맹의 구호 '자주 관리'를 이런 맥락에서 높이 평가했다. 자주 관리를 내건 프랑스민주노동동맹은 기업의 관리 구조와 결정 구조의 변화를 위해 노력했는데, 이는 작업장에서의 지배와 위계질서를 제거하고 노동자들의 자결과 자치, 창의력 신장이라는 움직임으로 나타났다. '자주 관리'가 제도적, 법적으로 어떻게 발전하고 구체화되어야 할지는 불분명하지만 자주 관리에 담긴 반위계적이고 반권위주의적인 요소는 저항의 목표를 찾는 학생 운동과 노동 운동을 연결시켰다. 이를 잘 반영하듯이 당시의 한 팸플릿에는 "산업과 행정의 군주제는 자주 관리의 토대 위에서 민주적 구조로 대체되어야 한다"*라고 씌어 있었다.

---

* 잉그리트 길허-홀타이, 《68운동—독일, 서유럽, 미국》, 정대성 옮김(들녘, 2006), 138~139쪽.

2장

68운동은 어떻게 전개되었는가

1장에서 보았듯이 1968년에 학생과 노동자들의 불만은 팽배해갔다. 문제는 이 시기가 전반적으로 자본주의의 발전을 통한 경제 번영기였다는 점이다. 당시 기성세대들은 왜 이 같은 풍요의 시기에 학생과 노동자들이 거리에서 시위를 하는지 이해하지 못했다. 그러나 여러 문제점이 경제 번영이라는 허울 속에서도 조금씩 새어나오고 있었다.

1968년 도쿄 대학 투쟁에서 전공투가 점거했던 야스다 강당

프랑스와 독일, 이탈리아와 영국에서는 학생들을 중심으로 대학과 사회의 권위주의에 저항했으며, 체 게바라와 호치민은 그들의 정신적 지도자가 되었다. 미국에서는 베트남 전쟁 반대와 흑인 민권 운동이 운동의 핵심 주제였으

전공투

일본 학생 운동의 대중적 전투 조직으로 '전국학생공
동투쟁회의'의 약칭이다. 스탈린주의식 공산주의에
반대했고 넓게는 모든 기성 질서와 권위에 저항했다.
1960년대에 일본 정부의 학비 인상과 대학 자율성 침
해에 반대하는 운동으로 시작되었으며, 이후 일본이
미국 주도의 냉전에 가담하는 상호방위조약 개정에

반대하는 안보 투쟁을 거치면서 급진적 투쟁과 내분
으로 1970년 쇠퇴하고 만다.

며 체코, 유고, 폴란드에서는 스탈린의 권위주의적 체제와 이에
동조한 좌파 정권에 대한 불만이 터져 나왔다. 아시아에서는 일
본의 전공투全共鬪가 대학의 권리 회복, 즉 학비 인상 반대 투쟁과
학내 자치 활동을 위한 투쟁에서 점차 베트남 전쟁 반대 투쟁으
로 노선을 바꾸기 시작했다. 이러한 차이에도 불구하고 당시 학
생들이 학교가 아닌 거리에서 기성 정치에 대한 공격을 감행했
다는 점에서 68운동의 뿌리는 같았다. '정치는 거리에 있다. 바
리케이드는 거리를 막지만 길을 열어준다'는 학생들의 구호는
지금부터 40년 전에 세계 곳곳에서 울려 퍼졌다.

1

프랑스

운동의 시작—3월 22일 사건

1968년 이전부터 이미 학생들은 움직이기 시작했다. 1965년에
파리 교외의 앙토니Antony에서는 남녀 학생 기숙사의 자유로운
왕래 금지 규정에 반대해 시위가 발생했다. 이후 1966년 가을에
는 스트라스부르 대학 학생들이 상황주의자를 대표로 선출했다.
그리고 〈경제적, 정치적, 심리적, 성性적, 그리고 특히 지적인 면
에서 학생 환경의 비참함과 이를 치유하기 위한 몇 가지 방법들〉
이라는 제목의 팸플릿이 나왔다. 마찬가지로 1967년에는 상황
주의자 라울 바네이겜Raoul Vaneigem(1934~)이 《일상생활의 혁명Traité
de savoir-vivre á l'usage des jeunes générations》을 펴내고 새로운 폭동의 물결이
젊은이들을 서서히 결집해가고 있다고 주장했다. 바네이겜은 정
치 체제뿐 아니라 일상생활의 변혁이 진정한 혁명임을 강조했는
데 관료적인 당의 명령을 따른 권력 장악이 아니라, 세분화된 행

동들을 근거로 한 권력의 완전한 파괴라는 새로운 혁명 전략은 이미 이때부터 학생들 사이에 퍼져 나가고 있었다. 1967년 5월 에는 청소년체육부장관 프랑수아 미소프François Missoffe가 의회에 서 '오늘날의 젊은이'라는 주제로 연설을 했다. 하지만 연설 내용에 학생들의 어려운 처지와 상황에 대한 언급은 전혀 없었다. 이 역시 학생들의 분노를 자아내기에 충분한 것이었다.

특히 68운동의 출발지라고 알려진 파리 근교의 낭테르Nanterre 대학은 개교 초기부터 교육 문제를 둘러싼 항의가 빈번하게 발생한 곳이다. 산업 불모지와 빈민가의 경계 지역에 설립된 이 대학은 매우 열악한 교육 환경으로 악명이 높았다. 1967년 11월 17일에 낭테르 대학의 사회학과 학생들은 10일간 동맹 휴업에 들어갔다. 이들은 학생 수의 과밀과 강의실 부족을 비판하며 학생들의 대학 운영 참여를 요구했다. 이에 대학은 사복 경찰들의 도움을 받아 캠퍼스에서 감시 활동을 펼치며 주동자 색출에 나섰다. 그리고 이 투쟁 과정에서 시위 주동자였던 다니엘 콘 벤디트는 카리스마적 선동가로, 혁명의 새로운 인물로 등장했다.

새로운 해가 시작되었다. 1968년 1월에 다니엘 콘 벤디트는 낭테르 대학 캠퍼스의 수영장 개장에 참석한 프랑수아 미소프를 비난했고, 플래카드를 든 학생들과 대학 관계자들이 충돌했다. 독일 연구자이자 레지스탕스로 활동했던 피에르 그라팽Pierre Grappin 학장은 학생들로부터 '나치' 대접을 받았다. 세대 사이의 틈은 더욱 벌어지고 의사소통은 단절되었으며 경찰의 캠퍼스 난입은 학생들을 더욱 단결시켰다. 2월 14일 성 밸런타인 축일에 파리 남쪽의 대학 기숙사촌인 대학도시 학생들이 내부 규칙에 반발하여 시위를 벌였는데 이러한 시위는 여러 지방 도시에서도 연이어 일어났고 그 결과 여학생 숙소 방문이 23시까지 허용되었다. 2월에는 낭테르 대학에서 '베트남 기층 위원회'가 결성되어 전쟁 반대 시위가 벌어졌다.

마침내 3월 22일에 학생들의 저항은 새로운 국면을 맞이했다. 이날 낭테르에서는 소요 사태가 발생했다. 그 전날 대학생 8명이 미국의 베트남 침공에 항의해 아메리칸 익스프레스 사무실을 습격하고 미국 국기를 불태운 죄로 체포되었다. 다니엘 콘 벤디트와 학생들은 대형 강의실을 돌며 학생을 모았고 대학 본부를 점거하기로 결정했다. 이것이 바로 3월 22일 사건으로 많은 사람들은 이 사건을 프랑스 68운동의 기원으로 본다. 이날 발표된 선언문에는 대학생 1,500명이 서명했고, 자본주의·기술관료주의에 물든 대학에 대한 반대, 중립적 지식에 대한 철저한 거부 그리고 노동 계급과의 연대에 대한 호소가 덧붙여졌다. 그라팽 학장의 주재로 열린 학부 평의회는 4월 1일까지 휴강하기로 잠정 결정했다.

4월 1일에 강의가 재개되었으나 학생들은 대형 강의실을 점거하고 토론을 벌였다. 이제 선동과 낙서가 대학의 일상생활이

68운동의 기원으로 평가받는 3월 22일 사건 당시 발표된 선언문에는 대학생 1,500명이 서명했고, 자본주의·기술관료주의에 물든 대학에 대한 반대, 중립적 지식에 대한 철저한 거부 그리고 노동 계급과의 연대에 대한 호소가 덧붙여졌다.

되었다. 4월 21일 전학련 의장 미셸 페로Michel Perraud를 대신할 의장 선출 총회가 소집되었으나 극우파 학생들의 습격 사건이 일어났다. 4월 26일에는 낭테르의 학생들이 공산당 중앙위원회 위원인 피에르 쥐켕Pierre Juquin의 〈대학 위기에 대한 공산주의자들의 해결 방안〉이라는 연설을 막았다. 그는 "유복한 마마보이 시위대가 노동자의 자식들이 시험 치는 것을 방해한다"는 연설을 다 끝마치지도 못한 채 피신해야만 했다.

1968년 5월의
낭테르 대학

 5월 2일에 학생들은 낭테르 대학 강당을 점거했고, 그라펭 학장은 휴교 조치를 내린 후 다니엘 콘 벤디트를 비롯해 학생 8명을 징계하겠다고 발표했다. 이에 낭테르 학생들의 시위는 다른 대학으로 퍼져 나갔다.

낭테르에서 바리케이드로

5월 3일에 약 500명의 학생들이 소르본Sorbonne에서 집회를 열었다. 다니엘 콘 벤디트와 3·22 활동가들의 연설을 들은 학생들은 지지를 표명했다. 이때 베트남 전쟁 반대 같은 정치 논쟁도 함께 진행되었다. 이날 대학의 요청을 받은 경찰들은 캠퍼스에 난입해 학생들을 진압했다. 당시 주변에 있던 학생들 대부분이 이 소식을 듣고 자발적으로 참여해 경찰과 충돌했다. 학생들은 처음으로 바리케이드를 설치하고 차량에 불을 질렀다. 그 결과 600명이 넘는 학생들이 체포되어 심문을 받았고, 27명이 감시를 받았다. 하지만 경찰의 개입으로 시위는 소수의 활동가들을 넘어 대중적 학생 운동으로 발전되었다.

결국 소르본 대학은 폐쇄되고 말았다. 그러나 시위는 멈출 줄 몰랐고, 저녁 무렵에는 생 미셀 대로로 학생들이 진출했다. 생 미셀 대로에서 학생과 경찰의 대치 장면이 텔레비전을 통해 일반 국민에게 생생하게 전송되었는데 이때 무장한 경찰이 학생들을 마구 구타하는 모습은 프랑스 국민에게 큰 충격을 주었다. 파리 시민의 80퍼센트가 학생들을 지지한다는 여론 조사 결과가 나왔다. 전국프랑스학생연합과 전국고등교원조합은 무기한 휴업에 들어갔다.

그러나 프랑스공산당PCF과 노동총연맹은 이러한 학생들의 움직임에 부정적 반응을 보였다. 5월 3일 프랑스 공산당 기관지 《뤼마니테l'Humanité》에 공산당 당수 조르주 마르세Georges Marchais는 다음과 같이 썼다.

1968년 5월에
발행된 《뤼마니테》

극좌파 학생들의 선동은 학생 대중의 이익을 위한 것이 아니며 파시스트에게 좋은 구실을 제공할 뿐이다. 위선적인 학생 혁명가들의 이런 활동은 드골 정부와 독점 자본가의 이익에 봉사하는 것이다.

5월 5일에는 3일에 체포된 학생 13명이 현행범으로 몰려 유죄 판결을 받았다. 5월 5일 클레르몽페랑의 학생 연합 조직이 제작한 광고지는 경찰의 폭력 진압이 어떠했는지를 잘 보여준다.

공화국기동대CRS가 싸움을 이끌었다. 기동 대원들은 심지어 아파트 현관까지 쳐들어갔으며 몇몇 호텔에도 침입했다. 그들은 사람들의 야유에 아랑곳하지 않고 흠씬 두들겨 팬 젊은이들을 끌고 나왔다 ……모든 것을 일소하라는 명령에 경찰의 대응은 절정에 이르렀다. 가죽 곤봉을 굳게 움켜쥔 기동 대원들이 온 힘을 다해 사방으로 휘둘러대며 학생들을 공격했다. 몇몇 할머니들은 너무 놀라 어찌할 바를 몰랐다. 지나가던 어느 운전자가 분노에 찬 소리를 질렀다. 그러자 기동대가 그 차로 몰려가 운전자를 끌어내린 후 곤봉 세례를 퍼부었다.

5월 6일에는 전국프랑스학생연합이 마비용 사거리와 생제르맹데프레 광장에서 시가전을 벌였다. 시위자는 1만 명에 이르렀으며 이때 노동자, 실업자, 고등학생이 처음으로 모습을 드러냈다. 그러나 노동총연맹의 조르주 세기Georges Séguy는 저녁 기자 회견에서 학생들을 말썽꾼들로 묘사했다.

5월 10일에는 운동이 더 확대되어 에드몽 로스탕 광장 사거리에 수천 명의 시위대가 모였고 시가전은 5시간 동안 진행되었다. 화염병과 최루탄이 파리를 뒤덮었으며 텔레비전은 이 상황

바리케이드의 밤은 엄숙하고 냉혹하기보다는 다소 낙관적이고 축제 같은 분위기를 연상시켰다. 집단적이면서도 자발적인 행동, 자기표현, 상대방과의 의사소통, 사랑과 같은 정신들이 한없이 고양되었다.

을 생방송했다. 보수 성향이 짙은 5구와 6구의 주민들도 학생들 편에 섰다. 이날 시위에서 367명이 부상을 입었는데 그중 32명은 중상이었다. 460명이 심문을 받았고 차량 188대가 불타거나 부서졌다. 경찰의 폭력 진압에 노동자중앙위원회와 전국교육연맹 내부에서도 비난의 목소리가 쏟아져 나왔다.

그러나 이 바리케이드의 밤은 엄숙하고 냉혹하기보다는 다소 낙관적이고 축제 같은 분위기를 연상시켰다. 집단적이면서도 자발적인 행동, 자기표현, 상대방과의 의사소통, 사랑과 같은 정신들이 한없이 고양되었다. 학생들을 지지하는 시민들은 먹을 것과 마실 것을 날랐으며, 부상당한 학생들을 집으로 데려가 치료해주었다. 다음날 아침 텔레비전에서 방송된 불탄 차들과 파괴된 도로, 깨진 유리 조각 등의 모습은 국민에게 깊은 인상을 남기며 학생들에 대한 동조 의식을 불러일으켰다.

결국 5월 11일에 노동총연맹과 프랑스민주노동연맹은 경찰의 폭력에 책임을 물으며 5월 13일 총파업을 예고했다. 조르주 퐁피두Georges-Jean-Raymond Pompidou(1911~1974) 총리는 유화책으로 체포된 학생들을 석방하고 소르본 대학을 개방하겠다고 약속했다. 5월 13일에 경찰들은 소르본 대학에서 철수했고 학생들은 다시 학교로 돌아왔다. 학생들은 드골의 사임을 촉구했고 노동자와 학생은 하나가 되었다. 이날 전국 도시에서 제2차 세계대전 이래 최대 규모의 시위가 일어났다. 대학생들의 항거에 노동자들도

조르주 퐁피두
© Egon Steiner

68운동과 직접 민주주의

직접 민주주의의 실현과 관련해 콘 벤디트는 다음과 같이 말했다. "3월 22일 운동은 처음부터 지도자와 지도받는 대중 사이에 차이가 없었다. 모든 결정은 집회에서 이루어졌고 학습 위원회는 모든 보고서를 공개했다……우리 운동이 지도자와 대중의 구분을 폐지하는 것은 생산 과정의 구분을 폐지하고 싶은 바람 때문이다. 직접 민주주의는 직접 경영을 의미한다."

대규모로 참가했다. 이 당시 가장 자주 쓰인 구호 중의 하나는 '10년, 그것으로 충분하다'였다. 이것은 드골이 다시 권력을 잡은 1958년 5월 13일을 의미했다. 파리에서는 수십만 명이 레퓌블리크 광장에서 당페르-로슈로까지 행진했다. 노동자들이 학생 전위들의 일탈을 막는 한편 공화국기동대는 시위를 파리 남쪽으로 한정하기 위해 다리를 봉쇄했다.

다시 열린 소르본 대학에서는 수많은 학생과 교수들이 토론을 벌였다. 이는 말의 영구 혁명이었으며 직접 민주주의가 현실화되는 순간이었다. 확신, 레크리에이션, 혼란, 불신, 말의 즉흥극, 상징적 혁명, 귀스타브 플로베르Gustave Flaubert, 카를 마르크스Karl Heinrich Marx, 프리드리히 엥겔스Friedrich Engels, 코뮌의 전사들과 같은 말들이 넘쳐났다. 시위는 수많은 학생과 청년 노동자들의 대학 점거로 이어졌다. 그리고 도처에서 사람들은 자유롭게 발언했다. 토론은 대학 관련 문제나 경찰의 폭력 진압뿐 아니라 노동 조건, 착취, 사회의 미래 등 가능한 모든 사회 문제를 다루기 시작했다.

5월 14일 낭트에 있는 쉬드 아비아시옹 공장 노동자들이 파업과 함께 공장 점거를 단행했다. 15일에는 르노-클레옹에서도 파업이 발생했다. 공장장과 간부들이 감금되고 붉은 기가 내걸렸으며 참가자는 1만 1천 명에 달했다. 다른 르노 공장에서도 파업이 잇따랐다. 르노 공장의 파급력은 매우 컸다. "르노가 재채

피에르 부르디외
프랑스의 사회학자로 후기 구조주의의 입장에서 구
조와 행위의 관계를 설명했다. 특히 아비투스Habitus
개념을 통해 사고, 행동, 감정 표현 등의 생활 양식을
계급이 아닌 제도와 문화 차원에서 분석했다. 실업자
운동, 문명 파괴 반대 운동에 참여했으며 범세계적인
지식인 연대의 필요성을 주장했다. 대표적인 저서로

《구별짓기》,《호모 아카데미쿠스》,《텔레비전에 대하
여》 등이 있다.

기를 하면 프랑스는 감기에 걸린다"라는 말은 거짓이 아니었다.

노동자의 연대와 분열

5월 17일에 파업자는 20만 명에 이르렀다. 이제 노동자들은 노
조의 지시를 받지 않고 스스로 파업을 선택했다. 교육 수준이 높
고 나이가 젊은 노동자일수록 파업에 적극 참여했다고 프랑스의
사회학자 피에르 부르디외Pierre Bourdieu(1930~2002)는 회고했다. 나이
든 노동자들은 실업을 두려워했고 살기 위해서는 자신을 억눌러
야 한다고 생각하는 사람들이었다. 즉, 그들은 어느 정도 사회에
통합된 사람들이었다. 반면 젊은 세대들은 임금이나 공장 내외
에서의 지위에 구속되지 않았으며, 파업이 그들에게 유희와 새
로운 생활을 꿈꿀 기회를 제공한다고 생각했다. 철도 노동자들
도 파업에 동참했고, 5월 18일에는 우편배달이 정지됐다. 하지
만 이날부터 노동총연맹, 프랑스민주노동연맹, 노동자의힘이 흐
름을 이끌어 나갔다. 이들은 노동자와 학생들의 결합을 불신하
고 있었다. 드골은 "개혁에는 찬성하나 벽에 똥칠이나 하는 데는
반대한다"라고 선언했다.

공산당은 처음부터 자신들의 통제 밖에 있던 좌익 운동가들
을 경계했다. 조르주 마르셰가 무정부주의자 다니엘 콘 벤디트
를 비난한 것도 이런 맥락에서였다. 공산당은 노동자 계급에 대

"학생들이 기차를 굴러가게 했고, 우리는 그들에게 감사한다. 일단 기차가 시동이 걸려 달리는 것을 본 이상, 우리는 여기에 올라타서 계속 가야 한다."

한 헤게모니를 놓치지 않으면서 사회당과 연대 전략을 고수하려고 했다. 그들은 소르본 대학이 폐쇄된 후 경찰의 탄압을 유발한 학생들을 향해 '무책임한 행동'이라며 비난을 퍼부었다. 공산당은 14일부터 '자유 수호'를 위한 민중 시위에 참가했지만 이들에게는 좌파 간 협상이 무엇보다 중요했다. 이는 모험주의적 구호를 거부하는 동시에 노동자 계급에 대한 지도력을 잃지 않으려는 공산당의 의도를 반영한 것이었다. 노동총연맹 역시 16일에 "노동자들의 분열과 혼란을 확산시키기 위한 다양한 시도들"을 경고했으며, 파업이 시작된 후에도 협상을 제안하면서 좌익 운동가들의 모험주의적 태도를 비판했다. 공산당과 노동총연맹은 좌파 연합을 위한 협상만이 이러한 난국을 타개하리라는 입장을 취하면서 학생과 노동자에게 그들의 통제 밑으로 들어올 것을 끊임없이 주장했다.

5월 21일과 22일에 노동자의 파업은 전국으로 확산되었다. 한 젊은 노동자는 "학생들이 기차를 굴러가게 했고, 우리는 그들에게 감사한다. 일단 기차가 시동이 걸려 달리는 것을 본 이상, 우리는 여기에 올라타서 계속 가야 한다"고 말했다.

24일까지 파업자 수는 계속 늘어 900만 명에 이르렀다. 산업, 교육, 행정, 언론, 운송, 우편, 연구소, 스포츠 협회, 칸 영화제 모두 파업에 동참했다. 그러나 5월 22일에 추방령이 내려진 다니엘 콘 벤디트를 보호하기 위한 시위에 노동총연맹은 거부 의사를 밝혔고, 이에 학생 운동과 노동 운동의 분리는 명확해졌다. 노동총연맹은 독자적으로 시위를 전개했다. 24일에 드골이 라디오와 텔레비전을 통해 국민 투표를 하겠다고 발표했으나 별 효과는 없었다. 이날 밤부터 다음날 새벽까지 파리에서는 격렬한 시위가 벌어졌다. 라탱 지구에서는 5시간에 걸쳐 경찰과 학생들이 충돌했다. 지방에서도 20만이 넘는 농민들이 시위에 참여했으며, 자본주의의 성전인 증권 거래소에 방화를 하려는 시도가 있었다. 이날 파리와 리옹에서는 각각 사망자 한 명이 발생했다. 이어서 퐁피두는 의회에서 노조와 대화할 용의가 있다고 발표했고 이에 노동총연맹, 프랑스민주노동연맹, 노동자의힘은 협상을 받아들였다. 퐁피두는 이들을 5월 25일 전국경영자평의회CNPF와의 회합에 초대했다. 그러나 이날 프랑스 국영 방송의 파업으로 저녁 8시 뉴스는 방영되지 못했다.

5월 25일부터 퐁피두의 주재 아래 그르넬 협상이 시작되었다. 27일 아침에 노동총연맹의 총비서 조르주 세기와 단독 협상을 마친 퐁피두는 정부와 경영자의 협상 안을 최종 발표했다. 협상의 성과는 놀라웠다. 최저 임금은 시간당 2.22프랑에서 3프랑으로 인상되었고, 임금도 6월 1일까지 7퍼센트, 10월까지 7~10퍼센트 인상을 약속했다. 주당 노동 시간은 1~2시간 단축되었다. 또한 노조의 권한에 대한 정부안도 마련되었다. 그러나 실제 파업 중인 노동자들의 입장은 노조 지도부와 달랐다. 노동자들이 요구한 것은 단기적인 경제적 대가가 아니었다. 그들은 직장에서의 안정된 자리 보장, 권위적인 기업 문화의 타파, 노동자의 자주 관리를 요구했다. 결국 이 타협안은 받아들여지지 않았고 파업은 계속되었다. 비앙쿠르에 있는 르노 공장에서는 노동자 1만여 명이 조르주 세기가 도착하기 전에 파업을 지속하기로 결정하고 민중 정부를 구호로 내세웠다. 다른 사업체에서도 연이어 그르넬 협정을 거부하는 움직임이 나타났다.

5월 26일 시농 성에서 프랑수아 미테랑François Mitterand, 기 몰레 Guy Mollet, 르네 빌레르René Billères, 가스통 드페르Gaston Defferre가 체제 붕괴라는 위험에 맞닥뜨리자 대책 마련을 위해 모였다. 이 당시 정권은 두 가지 점에서 유리했다. 우선 계속되는 사회 혼란에 여론은 서서히 시위대에 등을 돌렸고, 실제로 5월 27일부터는 사회 안정에 대한 욕구가 점점 확산되었다. 둘째, 68운동의 강점이자 약점인 무정향성과 무조직성은 내부 분열을 가져왔다. 좌파 정당들의 연합만이 이를 극복할 대안이었으나 학생 운동에 귀 기울이려는 비공산주의 좌파와 프랑스민주노동연맹과는 달리 공산당은 학생들을 좌익 모험주의라고 비판했다. 이 때문에 공산당은 지식인과 활동가들로부터 드골 정부와 '의도적 공모'를 한다는 비난을 감수해야 했다. 5월 27일부터는 정치적 위기가 사회적 위기를 뒤이었다. 27일 좌파는 완전히 분열되었다. 공산당은 전국프랑스학생연합, 통합사회당, 프랑스민주노동연맹

"우리는 드골에게 백지 수표를 주고 싶지 않으며, 드골 정부를 반공산주의나 미국의 정책에 종속된 다른 체제로 대치하려는 어떤 계획에도 주의를 기울이지 않을 것이다."

—《뤼마니테》

의 주도로 열린 집회를 비난하면서 노동총연맹과 함께 일련의 회합을 열었다.

공산당 기관지《뤼마니테》는 공산당 정치국의 결정을 다음과 같이 알렸다.

노동자들의 등 뒤에서 엄청난 계획이 진행되고 있다……이 계획은 노조, 경영자, 정부의 협상을 아무것도 아닌 것으로 만들어 그르넬 협상에 저항할 것을 그 목표로 하고 있다. 우리는 민주주의와 사회주의를 위한 투쟁과 즉각적인 요구를 위한 투쟁을 분리시키고 싶지 않다. 따라서 공산당은 오늘 5월 27일 전국프랑스학생연합이 조직한 시위에 참여하지 않기를 호소한다……우리는 드골에게 백지 수표를 주고 싶지 않으며, 드골 정부를 반공산주의나 미국의 정책에 종속된 다른 체제로 대치하려는 어떤 계획에도 주의를 기울이지 않을 것이다.

비공산주의 좌파였던 미테랑은 공산당과 노동총연맹의 지원이 없다면 드골 이후의 세력 관계에서 유리한 입장을 차지할 수 없다고 판단했다. 따라서 그는 민주사회주의좌파연맹FGDS 주재로 공산당 대표자들을 만나는 데 찬성했다. 5월 28일 아침 미테랑은 모임 전에 주도권을 잡기 위해 기자회견을 열고 잘 알려진 시나리오(6월 16일 국민 투표에서 패배한 드골의 하야)에 따라 자신의 정국 구상을 발표했다. 그는 드골이 하야한 후 대통령 선거에 입후보할 것임을 선언하고 피에르 망데스프랑스Pierre Mendès-France 가 이끄는 '임시 관리 정부'를 제안했다. 그러나 오후에 열린 공산당과의 모임에서 그는 긍정적 성과를 얻지 못했다.

오래전부터 공산당은 혁명과는 거리를 두고 개혁주의, 사회 민주주의의 길을 향해 가고 있었다. 실제로 공산당은 '인터내셔널' 전략 외에는 혁명성을 거의 찾아볼 수 없었다. 드골의 '사적 권력'을 대체하는 것은 대서양 건너의 좌파에게나 이로운 일이었다. 드골은 미 제국주의 진영의 힘을 약화하는 장점이 있었고 프랑수아 미테랑, 망데스프랑스, 기 몰레가 정권을 잡지 못하게 하는 데에도 유용했다. 어찌 되었든 공산당은 좌익주의의 추월을 허용할 수 없었다. 이날 저녁에 다니엘 콘 벤디트가 프랑스로 몰래 돌아왔다. 사람들은 "엿 먹어라, 국경아"라고 외치며 그를 환영했다.

5월 29일에는 노동총연맹이 '민중 정부'를 주장하며 시위를 벌였다. 17시에 드골이 대통령궁 엘리제를 떠났는데 이것은 드골이 정권을 포기한다는 의미로 여겨졌다. 그러나 이때 드골은 독일의 바덴바덴에 있는 프랑스 군 기지에서 장군들을 만나 군대의 충성을 확인받고 있었다. 다음날 프랑스로 돌아온 드골은 오후 4시 30분 라디오를 통해 의회 해산, 총선 시행의 계획을 밝혔다. 30분 후 드골을 지지하는 우파 79만 명이 샹젤리제 대로로 나와 프랑스 국가 〈라 마르세예즈〉를 부르며 드골을 지지했다. 이는 우파의 첫 시위였다.

이때 노조 지도부는 파업을 중지하라고 노동자들에게 압력을 행사했다. 작업장으로 돌아갈 것을 권하는 노조의 집회가 있고 나서 많은 노동자가 이를 따랐다. 5월 31일에는 지방에서도 드골을 지지하는 시위가 벌어졌다. 그날 저녁 퐁피두는 그르넬 협정에 따라 최저 임금을 3프랑으로 올린다고 발표했다. 이제 좌파 정당들도 선거를 거부할 수 없었다. 노동총연맹과 공산당은 선거를 받아들였다. 선거를 비난하는 사람들도 있었지만 상황은 이미 돌이킬 수 없었다.

6월 6일부터는 공장마다 작업이 서서히 재개되었다. 6월 10일에 르노 자동차 공장에서 고등학생 한 명이 사망하는 사건으로 경찰과 시위대 간에 격렬한 충돌 사태가 발생했지만 상황은 예전 같지 않았다. 6월 12일에 정부는 전국에 집회 금지령을 내렸고, 시위와 관련된 단체들을 해산하는 조처를 취했다. 이를 전후하여 노조는 부문별로 정상 조업에 들어갔다. 6월 16일에는 소르본 대학이 개방되었으며 다음날에는 르노 공장들이 파업을 멈추었다. 6월 말 의회 선거에서 우파는 총 의석 수의 70퍼센트 이상을 장악하는 대승리를 거두었다. 사회 안정을 원하는 유권자의 희망과 함께 68운동은 실패로 돌아가고 말았다. 자신감이 생긴 드골은 이듬해인 1969년 자신의 신임과 지방 개혁안을 국민 드골은 1969년 자신의 신임과 지방 개혁안을 국민 투표에 부쳤지만 결과는 부결이었다. 드골은 결국 4월 27일에 대통령직을 사임했고 이렇게 해서 68운동도 일단락되었다.

투표에 부쳤지만 결과는 부결이었다. 드골은 결국 4월 27일에 대통령직을 사임했고 이렇게 해서 68운동도 일단락되었다.

2

각국의 68운동

독일

독일의 68운동은 프랑스와 마찬가지로 매우 격렬한 양상을 보였다. 운동은 1965년 5월 8일 베를린 자유대학에서 열리기로 예정되어 있던 언론인 에리히 쿠비Erich Kuby의 강연을 대학 측이 금지하면서 촉발되었다. 대학 당국은 이 연사가 예전에 자유대학을 모독했다는 이유를 들었지만 학생들은 이를 받아들이지 않았다. 5월 18일에 80퍼센트가 넘는 학생들이 수업을 거부했다. 그들은 "모든 공개 장소에서는 항상 모든 주제에 대해 모든 연사의 강연을 들을 수 있다"는 주장을 폈다. 이것은 당시 대학의 권위주의에 대한 저항의 분위기를 잘 보여준다. 작가 귄터 그라스 Günter Grass 역시 에리히 쿠비의 강연을 허용하지 않는다면 자유대학에 들어오지 않겠다고 선언했다.

권터 그라스

1946년에 창립된 독일사회주의학생연맹SDS은 모태인 독일사

회민주당SPD과 1951년에 고데스베르크에서 결별했다. 사회민주
당이 노동자 계급의 이익을 대변하는 것을 포기했기 때문이다.
사회민주당은 독일의 재무장에 동조했는데 이것은 독일사회주
의학생연맹으로서는 절대로 받아들일 수 없는 행동이었다. 이후
1966년 사회민주당은 보수당인 기독교민주당CDU과 대연정을
했으며 급진 세력의 확대를 막기 위한 긴급 조치법도 제정했다.
사회민주당의 이런 행동은 학생들에게 의회 민주주의에 대한 불
신감을 심어주는 결과를 낳았다.

이러한 상황에서 정부가 독재자였던 이란 국왕 팔레비Pahlevi의
서독 방문을 허용하자 학생들은 1967년 6월 2일에 격렬한 시위
를 벌였다. 이 시위 와중에 베를린 자유대학 학생 베노 오네조르
크Benno Ohnesorg가 경찰 총격에 사망하는 사건이 발생했다. 정부가
학생을 쏜 경찰을 사면하자 시위는 걷잡을 수 없이 확산되었다.
학생들은 강의를 거부하고 대학을 점거했는데 이러한 양상은 다
음 해까지 이어졌다. 통계에 따르면 1968년 1월과 2월에 전체
대학생의 약 36퍼센트가 시위에 참여했다.

1968년 2월 17~18일에는 서베를린 자유대학에서 독일사회
주의학생연맹의 주관으로 베트남 전쟁을 반대하는 국제 베트남
회의가 열렸다. 이 회의에는 프랑스, 독일, 영국, 미국의 대표자
를 비롯해 1만여 명이 참가했다. 1968년 4월에 학생 운동의 선
두에 섰던 루디 두치케Rudi Dutschke(1940~1979)를 암살하려는 시도가

루디 두치케

루디 두치케

68운동 당시 독일사회주의학생연맹의 지도자로 1968년 2월 베를린에서 열린 '국제 베트남 회의'에서 제3세계 해방 운동을 위한 국제 연대를 이끌었다. 또 야간 포스터 붙이기 운동을 통해 피압박자들에게 시위에 동참할 것을 호소했다. 원외 야당APO 기구를 조직했으며 이를 통해 슈프링어 그룹의 국유화를 요구했다. 1968년 4월 11일 테러를 당한 후 후유증으로 고생하다가 1979년 12월 24일에 사망했다.

벌어지자 학생들은 이를 조종한 언론인 악셀 슈프링어Axel Springer를 비판했다. 5월에는 긴급 조치법에 반대하는 시위가 벌어졌으며 프랑크푸르트 대학은 학생들에 의해 점령당했다. 당시 6월과 7월에는 전체 학생 중 53퍼센트가 시위에 참여했고 학생이 아닌 일반인 비율은 5퍼센트에도 미치지 못했다. 이후 조직적 움직임이 없던 학생 시위는 점차 수그러들었다. 1968~69년에 학생 운동은 좌파 소그룹으로 분열되는 양상을 보였다.

결국 대부분의 학생은 다시 사회민주당으로 돌아가고 말았다. 이것은 프랑스에서와 달리 노동자들의 참여가 거의 없었기 때문이었다. 관료주의에 깊이 빠져 있던 독일의 노동조합은 컬러텔레비전과 마이카 같은 물질적 풍요 속에서 학생들의 구호를 이해하지 못했다. 이에 일부 학생들은 적군파RAF라는 테러 조직을 구성했으며 점차 과격한 방식으로 투쟁을 전개해갔다. 그러나 테러 같은 방식은 도덕적 측면에서 비판을 받았으며 여론의 지지를 얻지도 못했다.

이로 인해 독일의 68운동은 점차 그 의미와 영향력을 상실해갔다. 그러나 정부는 학생들의 요구 사항을 반영해 대학 구조 개혁을 추진했으며, 1969년 이후에는 빌리 브란트Willy Brandt(1913~1992)의 동방 정책을 통해 그 성과를 얻어냈다고 할 수 있다. 1970년대 초반에 발생한 자발적 파업도 68운동의 영향이라고 할 수 있다. 반권위주의, 기성세력에 대한 저항, 의회 민주주의를 고등학생 때에는 사민당 당원이었으며 1931년에 좀 더 좌파적인 사회주의노동자당SAP에 가입했다. 히틀러가 정권을 잡자 이에 저항했으며 이후 망명 생활을 했다. 1964년에는 에리히 올렌하우어Erich Ollenhauer의 뒤를 이어 사민당 의장이 되었으며, 1969~74년 동안 제4대 연방 총리로 재임하면서 동 유럽 사회주의 국가와의 화해를 추진했다. 폴란드를 방문했을 때 바르샤바의 위령비 앞에 무릎을 꿇고 사죄를 하기도 했다. 1971년에 노벨 평화상을 수상했으며 독일 통일의 아버지로 불린다.

대체할 평의회 민주주의, 반제국주의 등의 성격을 띤 독일의 68운동은 프랑스와 거의 유사하지만 노동자의 참여가 없었다는 점에서 아쉬움을 남겼다.

이탈리아

이탈리아에서는 1967년부터 학생들이 대학의 민주화를 요구하며 대학교를 점거했다. 당시의 교육 상황을 보면 학생 6만 명에 교수는 300명으로 학생과 교수의 비율이 200 : 1이었다. 이러한 상황에서 학생들은 트렌토, 밀라노, 토리노에 이어 로마와 나폴리에서 대학을 점거했고 이후 점거 학교의 수는 26개로 늘어났다. 더불어 베트남 전쟁에 반대하는 움직임도 나타나 3월에는 트렌토에서 이 주제에 대한 영화 상영과 토론이 이어졌다. 특히 트렌토의 사회학과 학생들은 정치 파업을 호소하고 사회학 연구소를 점거하기도 했다. 그 뒤 1967년 6월에는 반反대학 선언이 나왔다.

이후 학생 운동은 1968년 2월에 학생들이 로마 대학을 점거하고, 경찰이 그 일대에 개입하면서 발생한 이른바 '발레줄리아Valle Giulia 전투'(발레줄리아는 로마 라사피엔차 대학 건축학부가 소재한 곳이다)를 통해 매우 폭력적인 양상으로 바뀌었다. 이탈리아에서도 학생들은 교과 과정과 신임 교수 선발에 대한 참여 그리고

1968년 2월의
발레줄리아 전투

모든 학점에 대한 학생들의 감독 등을 요구했다. 또한 이탈리아 68운동은 5P, 즉 아버지Padre, 신부Prete, 정당Partito, 사장Padrone, 교수 Professore를 상징적 공격의 대상으로 삼았다. 노동자 파업도 발생했는데 여기에서 우리는 국제적 운동으로서의 68운동을 확인할 수 있다. 예를 들면 토리노에 있는 피아트 공장 노동자들이 파업의 와중에 내건 "베트남은 우리의 공장이다"라는 구호는 베트남 문제를 둘러싼 반제국주의와 서방 선진국 내부의 반자본주의가 서로 융합되었음을 보여준다.

이렇게 자신들의 기존 위치를 벗어나, 즉 정체성을 탈각하고 새로운 주체성을 형성하려 했다는 점에서 1968년의 운동은 기

노동자들이 파업에서 외친 "베트남은 우리의 공장이다"라는 구호는 베트남 문제를 둘러싼 반제국주의와 서방 선진국 내부의 반자본주의라는 두 주제가 융합되었음을 보여준다.

존의 운동과는 그 양상에 있어서 차이가 있었다. 1969년 7월 3일 토리노의 노동자 시위에서는 노동자의 자율성을 보장하라는 구호가 나왔고, 7월 26~27일에도 토리노에서 노동조합의 틀을 벗어난 노동자와 학생의 공동 집회가 이어졌다. 이후 학생들이 점차 공장으로 들어가면서 대학에서의 지지 기반은 사라져갔고 운동의 열기도 사그라졌다. 하지만 당시 학생들의 공장 활동은 1970년대 이탈리아 노동 운동의 발전을 가져왔다.

미국

미국에서는 베트남 전쟁에 대한 반대를 중심으로 운동이 전개되었다. 이 전쟁으로 미국의 정치적 입지는 약해졌고 재정 손실 역시 매우 컸다. 입영 대상자인 학생들은 병역 거부 운동을 전개했고 탈영병이 속출했다. 학생들은 미국이 베트남에서 저지른 부당한 폭력에 항의했다. 현지에서 병사들은 무장하지 않은 가난한 농민, 여자 그리고 아이와 노인들에게 폭력과 살인을 자행해야만 했다. 이러한 행동은 어떤 명분으로도 설명될 수 없는 야만의 극치였다. 현지 병사들뿐 아니라 미국 젊은이들의 상당수가 전쟁의 추악함에 진저리를 쳤다. 미국 정부가 전쟁의 정당화를 위해 제시했던 문명과 민주주의의 수호라는 공식적 말과 베트남에서 벌인 실제 행동 사이에는 엄청난 간극이 있었다. 바로 이 지점에서 미국의 권위와 전통 가치들에 대한 저항이 싹텄다.

국제공산주의흐름ICC은 당시의 전개 과정을 다음과 같이 묘사하고 있다. 미국에서 운동의 첫 번째 시기는 히피들이 전개했다. 그들은 비폭력과 평화를 뜻하는 이른바 '플라워 무브먼트flower movement'를 전개했는데 이 운동의 슬로건 중 하나는 다음과 같았다. "섹스를 해, 전쟁을 하지 말고make love, not war." 학생들이 당시 히피들의 메카인 샌프란시스코에 있는 버클리 대학에 최초로 운집한 일은 이 같은 배경에서였다.

운동은 또한 점거Sit-in의 형태로 나타났는데 이것은 대학의 자유 언론을 위한 것이었다. 1964년 9월 버클리 대학에서 경찰이

1964년 미국 버클리 대학에서 자유 언론 운동의 대표적 지도자인 마리오 사비오가 연설하고 있다

인종평등회의CORE에 소속된 학생을 체포하려고 하자 학생들은 자유 언론을 주장하며 시위를 벌였다. 이 사태로 버클리 대학의 총장이 해임되었다. 1968년 1월 16일에는 사회 운동가 애비 호프먼Abbie Hoffman과 비폭력 운동에 잠시 참여했던 제리 루빈Jerry Rubin이 국제청년당Youth International Party을 창설했으며, 이후 운동은 자본주의에 대항한 일종의 혁명적 전망을 제시하기 시작했다. 운동에서 강조했던 인물도 제리 루빈이 1964년 아바나에서 만난 체 게바라 같은 혁명가들이었다. 그러나 사실상 운동의 이데올로기는 믿을 수 없을 정도로 뒤죽박죽이었다. 여기에는 섹스의 자유나 마약의 자유 같은 일탈적 면뿐만 아니라 쿠바와 알바니아를 모범으로 찬양하는 스탈린주의적인 면도 있었다.

호프먼-루빈 조직이 초기에 행한 극적 행동 중 하나는 위조지폐 뭉치를 뉴욕 주식 거래소에 배포하는 일이었는데, 현장에 있던 사람들은 그 지폐를 줍기 위해 열성적으로 몰려들었다.

1968년 여름 민주당 전당 대회 동안 학생들은 경찰과 무력 충돌을 준비하는 동시에, 페가수스라는 이름의 돼지를 대통령 후보로 선출하고자 했다. 1969년 8월 15일 뉴욕의 전원 도시 베델 평원에서 열린 우드스탁 페스티벌은 록 음악의 열정과 저항 정신을 한 목소리에 담아 베트남 전쟁을 반대하는 무대였다. 정치권에서는 존슨L. B. Johnson 대통령이 이러한 혼란 속에서 정치적 생명력을 잃고 1968년 3월 31일 대통령 후보 출마를 포기한다. 차

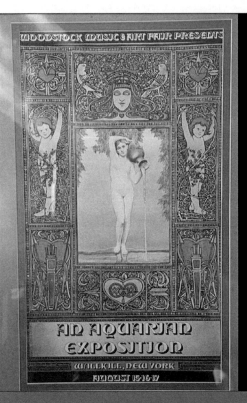

우드스탁 페스티벌 포스터

1969년 8월 15일 뉴욕의 전원 도시 베델 평원에서 열린 우드스탁 페스티벌은 록 음악의 열정과 저항 정신을 한 목소리에 담아 베트남 전쟁을 반대하는 무대였다. 미국은 1973년까지 전쟁을 끌고 갔으나 베트남에서 벌인 지지부진한 전투와 국내에서 들끓는 반전 운동에 더는 버티지 못하고 군대를 철수하고 만다.

마틴 루서 킹

기 대통력으로 닉슨R. M. Nixon이 당선되지만 그 역시 베트남에 대한 미련을 버리지 못한 채 1973년까지 전쟁을 끌고 나갔다. 결국 미국은 베트남에서 벌인 지지부진한 전투와 국내에서 들끓는 반전 운동에 더는 버티지 못하고 군대를 철수하고 만다.

한편 1968년 4월 4일 마틴 루서 킹Martin Luther King, Jr 목사가 암살되자 그동안 전개해온 흑인 민권 운동의 비폭력 전략은 종지부를 찍게 된다. 물론 1964년에 맬컴 엑스Malcolm X의 암살과 더불어 이미 흑인 사회에서 비폭력 목소리는 주류에서 벗어나 있었다. 킹 목사가 죽은 후 40여 개가 넘는 도시에서 폭동의 물결이 일었다. 블랙팬더당Black Panther Party 대표 바비 실Bobby Seale은 인종 차별에 맞서 폭력을 행사해야 한다고 주장했다.

1960년대에 미국에서 확산된 저항 운동은 베트남 전쟁, 인종 차별, 성별에 따른 불평등 대우에 반대했고 기성의 모든 가치를 거부했다. 이곳에서의 운동은 결코 노동자 계급이 주도하지 않았다. 헤르베르트 마르쿠제Herbert Marcuse(1898~1979)는 "노동자 계급은 이미 자본에 흡수 통합되어 버렸다"고 주장했는데, 이 말은 미국 학생들의 행동을 설명하기에 충분했다.

영국

영국에서는 1966년 가을부터 부르주아 경제학의 중심지였던 런던정경대학LSE에서 운동이 전개되었다. 이곳에서 학생들은 로데지아(지금의 짐바브웨)와 남아프리카에서의 인종 차별 정책과 관련이 있던 월터 애덤스Walter Adams의 학장 지명을 반대했다. 1967년 1월 31일에 학생 조직이 만들어졌고, 3월에는 학교를 점거하는 사태가 벌어졌다. 이후 레스터, 에식스, 브리스틀, 애스턴, 헐, 브래드퍼드, 리즈 등지의 대학과 혼지 예술 대학에서도 점거 행동이 이어졌다.

또한 1967년 10월과 1968년 3월에 런던에서 벌어진 두 차례의 베트남 전쟁 반대 시위는 점증하는 폭력적 양상을 생생하게 보여주었다. 첫 번째 시위에서는 1만 명이 참가해 질서 정연하게 행진했지만, 두 번째 시위에서는 시위대 3만 명이 그로스베너 광장에 있던 미국 대사관 앞에서 경찰과 충돌해 수백 명의 부상자를 낳았다.

학생 급진주의는 대학을 넘어서 젊은이들 전체로 확산되었다. 파리에서 학생과 노동자가 연대해 운동을 전개했다면, 런던에서의 운동은 문화를 통한 새로운 저항의 모습을 보여주었다. 이곳에서는 출판, 음악, 디자인, 연극 등 창조적 실험 정신으로 가득 찬 문화 행사가 정부에 대한 비판을 촉발했다. 소위 하위문화

Subcluture 혹은 반문화Counter Culture라고 불린 운동이 바로 그것인데, 미국과 마찬가지로 반전에 대한 공감대를 형성했다. 정치적으로 신좌파 성향이었던 영국의 68운동에서 주류에 속하지 못한 젊은이들은 마약 복용과 공동체주의를 하나의 이상으로 제시했다. 그러나 이곳에서의 운동은 상대적으로 힘이 약했을 뿐만 아니라 노동자들의 참여도 이끌어내지 못했다.

깊이
읽기

그 밖의 나라들

독재자 프랑코의 지배하에 있던 스페인에서는 1966년부터 노동자들이 파업하고 학생들이 대학을 점거했다. 이러한 움직임은 1967년에 더욱 확산되었으며 1968년까지 지속되었다. 학생과 노동자들은 서로 연대를 표시했다. 1967년 1월 27일, 10만 명의 시위자들이 모인 마드리드에서 학생들은 시위 참가자들에 대한 경찰의 폭력 진압에 항의했다. 이때 마드리드 대학 경제학과 건물로 피신한 학생들은 경찰과 6시간 동안이나 대치 상태에 있었다. 당국은 시위자들을 검거하기 위해 모든 수단을 동원했다. 언론은 통제되었고, 운동 관련자와 지하에서 활동하던 노조 활동가들은 검거되었다. 1968년 1월 정부는 각 대학교에 대학 경찰을 배치했다. 그러나 이러한 조치 역시 베트남 전쟁과 프랑코 체제를 반대하는 학생들을 막기에는 역부족이었다. 결국 마드리드 대학은 3월에 폐쇄되었다. 스페인 대학생들은 교육 개혁을 요구하며 국가와 물리적으로 충돌했고 전통적 노동자 및 비합법 야당과 함께 민주주의를 촉구했다. 교수진을 비롯한 대학 관리자들은 직무를 정지당했으며 대학에는 휴교령이 내려졌다.
벨기에에서는 학생들이 베트남 전쟁에 항의하고 교육 부문의 개선을 요구하며 1968년 4월부터 가두 투쟁을 벌였다. 5월 22일에는 브뤼셀 자유대학이 점거당했고 이후 민중을 위한 열린 학교로 선포되었다. 대학 위원회가 학생들의 요구 중 일부를 수용한 6월 말이 되어서야 운동은 수그러들었다.
멕시코에서는 '틀라텔렐코Tlatelel-co의 밤'으로 불리는 비극적 사건이 발생했다. 집권 군부 세력이 학원 민주화를 요구하던 학생들에게 총을 난사한 것이다. 1968년 멕시코 하계 올림픽 개막을 열흘 앞두고 벌어진 사건이었다. 정부는 4명이 사망하고 20명이 부상했다고 발표했으나 뒤늦게 밝혀진 사망자 수는 200명에서 300명에 이르렀다. 1968년을 직접 경험하고 사회 변혁 운동에 적극 동참했던 조지 카치아피카스George Katsiaficas(1949~)는 《신좌파의 상상력—전 세계적 차원에서 본 1968The

Imagination of the New Left : A Global Analysis of 1968》에서 멕시코를 비롯한 제3세계에서 일어난 당시의 사회 운동도 68운동에 포함해야 한다고 주장했지만, 이 나라들에서 일어난 운동은 대부분 다른 이유에서 벌어진 특수한 사회 운동이었을 뿐 68운동같이 일상의 민주주의나 반권위주의를 내세우지는 않았다.

동유럽에서는 민주화 운동의 성격이 매우 뚜렷하게 나타났다. 대표적 사건으로는 체코의 '프라하의 봄'을 들 수 있다. 아래로부터의 압력에 굴복한 체코 공산당은 강경파를 퇴진시키고, 슬로바키아 출신의 온건한 개혁주의자 알렉산드르 둡체크Alexander Dubˇcek(1921~1992)를 공산당 제1서기로 추대했다. 둡체크는 개혁주의자들의 주장을 받아들여 소련과 어느 정도 거리를 두면서 다당제를 인정하고, 자본주의적 요소를 일부 수용하는 '인간의 얼굴을 한 사회주의'를 표방했다. 그는 1968년 3월까지 언론의 자유와 사전 검열제 폐지, 학문의 자유를 인정했고 대숙청당한 희생자들도 복권시켰다. 그러나 바르샤바 조약 기구의 탈퇴와 일련의 내부적 민주화 조치를 소비에트 연방은 공산주의에 대한 도전으로 받아들였고 군을 앞세워 체코슬로바키아를 침공했다. 결국 프라하의 봄은 단 8개월 만에 끝나고 말았다.

폴란드에서의 운동은 다른 성격을 띠었다. 폴란드 정부는 1월 말에 〈조상〉이라는 연극의 상연을 금지했다. 이 연극에는 "폴란드인이 얼마 안 되는 소련 돈에 영혼을 팔아넘겼으며, 모스크바 사람들이 우리에게 준 것은 바보, 멍청이, 스파이뿐"이라는 대사가 나오는데 이것이 문제가 되었다. 이 연극의 마지막 공연 때 관객 300여 명은 자발적으로 시위대를 구성해 폴란드 민족 영웅(시인) 아담 미츠키에비치Adam Bernard Mickiewicz의 동상이 있는 곳까지 행진했다. 이 과정에서 학생 2명이 연행되자 바르샤바작가연합은 이에 항의하기 위해 집회를 열었다. 3월에 긴장은 더 증폭되어 학생들은 대학교를 점거했고 이러한 움직임은 바르샤바를 넘어 전국으로 확산되었다. 여러 도시에서 연대 집회가 열렸고, 프라하에서 열린 체코 공산주의 청년대회에서는 폴란드 학생들을 지지하고 폴란드 정부를 비난하는 결의문이 채택되었다. 그러나 폴란드 정부는 시오니스트인 유대인 클럽이 집회를 주도한다고 여론을 조장하며 이들을 민중의 적으로 몰아세웠다. 그리고 노동자들을 강제로 정부의 선동 집회에 참여시키려고 했다. 민중은 이러한 정부의 태도에 반대 행동으로 맞섰다. 특히 과학기술학교 학생들이 학교를 점거하자, 민중들은 이들에게 돈과 음식을 전하며 지지를 나타냈다. 학생들은 표현과 집회 결사의 자유를 요구했지만 경찰은 최후통첩 시간을 정해놓고 제적을 들먹이며 학생들을 위협했다. 4000여 명의 학생이 최후통첩을 거부하고 인터내셔널가를 부르며 집회를 열었고 자신들이 따로 정한 시간에 자발적으로 밖으로 나왔다. 바르샤바 시민은 그들이 학교에서 안전하게 나오도록 호위했다. 그러나 이 운동은 정부 탄압에 저항하는 폴란드 운동의 마지막 대중 행동이 되고 말았다.

일본에서는 1963년부터 미국과 베트남 전쟁에 반대하는 폭력 시위가 발생했는데, 이는 주로 전학련(전국일본학생자치위원회연합)이 주도했다. 1968년 2월에 니혼 대학의 20억 엔 비자금이 적발되자 학생들이 항의했지만 권위주의적인 대학 당국은 비자금 설명을 거부한 채 선동자 15명을 제명 처리했다. 이미 학생의 자치권 박탈, 교수의 권위주의적 수업으로 불만이 한계에 이른 학생들은 그해 봄이 끝날 무렵 본격적인 저항 운동을 펼쳐나갔다. 투쟁 구호 중 하나는 '간다(도쿄의 대학 지구)를 프랑스 파리의 라탱 지구로 탈바꿈시키자'였다. 이 운동은 노동자들이 가담한 1968년 10월 절정에 이르렀다. 10월 9일에 도쿄, 오사카 그리고 교토에서 경찰과 학생들이 충돌해 80명이 부상당하고 188명이 검거되었다. 그리고 반봉기법이 통과되었다. 이에 반대해 80여만 명의 학생들이 거리에서 시위를 벌였다. 이후 1968년 10월 21일 '국제 반전의 날'에 학생들이 다시 집결했는데, 당시 일본에 있는 미군 기지를 경유해 베트남으로 무기와 탄약, 병력이 수송되는 것을 막기 위해서였다. 이를 위해 학생들은 규슈의 사세보 항에 미군 잠수함 엔터프라이즈호가 정박하는 것을 반대하는 운동을 전개했다. 그러나 전국학생공동투쟁회의가 1969년 1월 18일 도쿄 대학의 야스다 강당*에서 벌인 경찰 기동대와의 공방전에서 패배함으로써 일본의 학생 운동은 점차 힘을 잃

* 야스다 강당은 도쿄 대학 혼고 캠퍼스에 있는 강당으로 정식 명칭은 도쿄 대학 대강당이다.

어갔다. 1970년대에 운동은 경찰서 습격과 방화 같은 과격한 양상을 보였으며 조직은 노선 투쟁으로 내분을 겪었다. 결국 학생 운동은 대중의 지지를 상실하고 말았다.

1968년 7월 전공투가 점거했으며 당시 학생 운동의 상징이었다. 1969년 1월 18일 저녁 8,500명의 경찰 기동대가 강당을 공격해 다음날 이곳을 지키던 학생들 모두가 검거된다. 이때 발생한 화재로 이후 한동안 폐쇄되었다가 1988년부터 1994년까지 보수 공사 후 다시 공개되었다. 1991년부터 다시 졸업식 장소로 쓰이고 있다.

3장

68운동은 무엇을 남겼는가

에릭 홉스봄

영국의 역사학자 에릭 홉스봄E. J. E. Hobsbawm은 1960년대 후반에 일어난 학생들의 시위를 보면서 "처음으로 세계가, 아니 적어도 학생 이념가들이 살던 세계는 참으로 세계적인 것이 되었다"고 말했다. 그의 말처럼 이 시기에 로마, 파리, 베를린, 함부르크, 프라하, 도쿄의 대학가에서는 동일한 담론이 퍼져갔다. 제2차 세계 대전 이후 유일하게 세계에서 동시에 일어난 68운동에서 학생들은 기성의 권위주의에 저항했으며 전체주의와 전쟁에 반대했다. 또한 소비 사회를 비판하고 욕망의 해방을 주장했으며 낡은 세계에서 소외되었던 흑인과 여성, 사회적 소수자의 권익을 위해 노력함으로써 현대 사회의 제반 문제를 포괄했다. 특히 68운동은 이러한 주장을 새로운 개념과 상상력을 통해 생생하게 제시한 말과 구호의 혁명이었다는 점에서 특별한 역사적 의미를 갖는다. 그리고 그 말과 구호는 공허한 메아리로 그치지 않고 새로운 패러다임을 창출함으로써 이후 사회 운동의 방향을 제시했다.

68운동의 성격

지속적인 축제

프랑스의 역사학자 미셸 드 세르토Michel de Certeau는 68운동 당시 "1789년에 사람들이 바스티유를 차지했던 것처럼, 지난 5월에 사람들은 말을 차지했다"라고 말했다. 실제로 1968년 5월 프랑스에서는 수많은 구호와 주장이 봇물 터지듯 흘러 나왔다. 68운동은 말의 축제였다. 세계의 우애, 직접 민주주의, 계급 없는 사회, 상상력, 욕망, 행복 등의 말이 프랑스 전역에서 울려 퍼졌다. 당시 거리에 있었던 한 참가자는 자신의 감정을 다음과 같이 표현했다.

나는 행복했다. 내 생애에 이처럼 강한 힘과 행복을 느낀 적은 없었다. 나는 역사를 만들었으며 그것에 도전했다. 나는 기쁨을 느끼면서 파괴했다. 다른 것들은 존재하지 않았다. 나는 대중들의 감정에

"1789년에 사람들이 바스티유를 차지했던 것처럼, 지난 5월에 사람들은 말을 차지했다." 세계의 우애, 직접 민주주의, 계급 없는 사회, 상상력, 욕망, 행복 등의 말이 프랑스 전역에서 울려 퍼졌다.

프랑스 혁명의
시발점이 된 1789년
7월 14일의 바스티유
함락

따를 뿐이었고 자유롭고 강하다고 느꼈다.

보수주의자들은 이를 매우 부정적으로 바라보았다. 그들은 이러한 축제를 '어처구니없는 짓'이라고 평가했다. 그러나 긍정적 관점에서 68운동은 새로운 사회를 여는 전환점이었다. 이 운동은 예전의 가치가 붕괴되고 '포스트 산업' 사회의 서막이 열리고 있음을 명확히 보여주었다. 또 이 축제는 엄격한 위계제와 규율에 대한 저항을 그 기치로 내걸고 있었다.

프랑스의 사회학자 앙리 망드라Henri Mendras는 1960년대 중반부터 기성 사회와 단절하는 움직임들이 나타났다고 말했다. 출산율은 하락했고, 고정 자본의 생산성은 떨어졌으며, 실업은 증가했다. 특히 제2차 바티칸 공의회Concilium Vaticanum Secundum가 종결되고 나서 누드, 쾌락주의적 가치, 개인 간의 차별성 강조, 타인에 대한 개방과 소통의 욕구가 나타났다. 하지만 이 변화들은 산업 사회의 권위적이고 관료적인 경직성에 부딪쳤다. 사회학자 미셸 크로지에Michel Crozier는 특히 교육과 행정, 정치 분야에서 변화에 저항하는 분위기가 강했다고 지적했다. 이런 상황에서 68운동 참가자들은 기존 전통을 파괴하는 축제를 준비했으며 젊은이들은 이 속에서 해방감을 만끽했다. '침체기 없이 살고 구속 없이 즐긴다', '금지하는 것을 금지한다'는 구호는 이런 모습을 잘 보여준다. 68운동은 임금 노동과 일과 시간의 단조로움이 만연한 사회로부터의 탈출을 촉구하며 인생을 즐길 것을

1962년 제2차
바티칸 공의회 개회식

강조했다. 이 축제는 다시 원래대로 돌아가는 기존 축제와 달리 지속적이었으며 축제가 끝난 후에도 서서히 일상의 삶을 변화시켜나갔다.

무정부주의

68운동은 무정부주의적이었으며 초현실주의적 전통에 매우 충실했다. 특히 젊은이들은 법의 이름으로 그들의 쾌락을 금지하는 데에 강력히 반발했다. 또한 그들은 교조주의적 좌파와 우파 모두의 이념에서 벗어나 있었다. 그들에게는 새로운 패러다임이 필요했다. 그 결과 운동은 새로운 자율과 새로운 자유의 창조를 위해 몸부림쳤다. 68운동에서 학생들은 "파괴의 열정은 일종의 창조적 희열"이라는 러시아의 무정부주의자이자 혁명가 바쿠닌 M. A. Bakunin(1814~1876)의 말을 상기하면서 '선거는 어리석은 자들을 위한 함정이다', '불손하고 파렴치하다는 것은 새로운 혁명의 무기다'라는 말을 벽에 새겼다.

바쿠닌

운동에 참가한 사람들은 매우 다양했다. 그러나 그들은 주류 사회에 있던 사람들이 아니었다. 혹 주류에 있다고 하더라도 그들은 그렇게 생각하지 않았으며 시위에서 해방감을 만끽하려고 했다. 주류가 원하는 인간관계는 욕망을 억누른 채, 새로운 언어와 행동 양식을 받아들이지 못하는 낡은 것이었다.

68운동에서 학생들은 "파괴의 열정은 일종의 창조적 희열"이라는 바쿠닌의 말을 상기하면서 '선거는 어리석은 자들을 위한 함정이다', '불손하고 파렴치하다는 것은 새로운 혁명의 무기다'라는 말을 벽에 새겼다.

예를 들면 대의제에 대한 거부감은 이를 잘 보여준다. 의회로 진출한 좌파들은 그들을 대변해주지 못했다. 자신을 대변할수 있는 것은 자기 자신뿐임을 사람들은 깨달았다. "나는 의회주의 시스템이 쓸모가 없다고 생각한다"는 독일 학생 지도자 루디 두치케의 선언에서 분명히 드러나듯이, 독일사회주의학생연맹의 이론가들은 의회주의가 아닌 다른 민주주의 형식을 선호했다. 그러한 대안 가운데 가장 호소력이 컸던 것은 '평의회 민주주의'였다.

시위의 참가자들은 다음과 같은 메시지를 사람들에게 보냈다.

경고 : 야심찬 출세가들이 진보 세력으로 가장했을지도 모른다

그들의 메시지는 건물 벽에 새겨졌으며 이후에는 사람들 마음에 새겨졌다. 내가 생각하고 느끼는 것을 있는 그대로 표현하고말할 수 있는 것이 운동의 과정에서는 가장 중요했다. 시위 참가자들은 진지한 해방 투사가 되겠다, 혹은 사회를 변화시키겠다는 욕구보다는 내가 하고 싶은 것을 하고 내가 원하는 것을 가지겠다는 욕구를 더 많이 표출했다. 68운동 때 프랑스 앙제르 고등농업학교 학생이던 르네 부리고는 당시를 이렇게 기억한다.

1968년 5월에 대한 나의 가장 생생한 기억요? 모든 이들이 새롭

'모든 종류의 모험을 폐지해버린 사회에 남은 유일한 모험은 사회를 폐지해버리는 것이다'·'바리케이드는 거리를 차단하지만 길을 연다'·'파괴의 열정은 창조적 희열이다'

게 발견한 말할 수 있는 능력입니다. 누구와 무엇이든 말할 수 있는……5월 그 한 달 동안의 대화 속에서 사람들은 5년 동안 공부한 것보다 더 많은 것을 배웠습니다. 그것은 진정으로 또 다른 세계였지만——아마 꿈의 세계였을 것입니다——그것은 내가 항상 기억하고 있던 것이었습니다. 모든 이들이 말할 필요와 권리 말입니다.*

68운동에 참가한 사람들은 바로 이러한 분위기 속에서 체계적으로 운동을 조직하지 않았으며 이를 위한 기구의 설립도 거부했다. 대부분의 트로츠키주의자는 68운동이 바로 이 점 때문에 실패했다고 판단했다. 그러나 68운동의 대중은 중앙 집권적 조직을 거부했으며 그 때문에 일상으로 파고들어갈 기회를 얻을 수 있었다. 조직은 오히려 개인의 다양한 생각과 상상력을 막을 소지가 있었다. 따라서 조직의 거부라는 방식 덕분에 다채로운 생각이 가능했으며 또한 그 모든 생각이 마음껏 표출될 수 있었다. 물론 그 다양성 속에서도 하나의 중심 주제가 있었는데 그것은 무정부주의였다. 거리에서 울려 퍼졌던 '모든 종류의 모험을 폐지해버린 사회에 남은 유일한 모험은 사회를 폐지해버리는 것이다', '바리케이드는 거리를 차단하지만 길을 연다', '파괴의 열정은 창조적 희열이다', '혁명적 사고란 없다. 오직 혁명적 행동

---

* 로널드 프레이저, 《1968년의 목소리—불가능한 것을 요구하라》, 안효상 옮김(박종철출판사, 2002), 25쪽.

만이 있을 뿐이다', '나는 할 말이 있지만 그것이 무엇인지 모른다', '우리 안에 잠자고 있는 경찰을 없애야 한다', '우리가 모든 것을 파괴하지 않는 한 폐허는 남아 있을 것이다'와 같은 구호들은 이를 잘 보여준다.

당시에 50대 초반으로 시인이자 가수였던 레오 페레Léo Ferré는 세대 차이가 있었음에도 무정부주의 학생들이 집결한 소르본 대학 근처에서 자신의 창작곡 〈무정부주의자들〉을 불렀다.

> 100명 중 한 명은 아니지만 그래도 그들은 존재하지
> 대부분 별것 아니거나 아주 보잘것없는 아들들이
> 사람들은 이 아들들이 무서울 때만 그들에게 시선을 돌리지*

반권위주의

68운동에 참여했던 학생들은 사회 전역에 퍼진 권위주의에 대한 비판의 목소리를 높였다. 이 권위주의에는 앞서 언급한 구좌파의 권위를 포함해 학교에서의 교수의 권위, 가정에서의 아버지의 권위, 국제 사회에서의 강대국의 권위, 여성에 대한 남성의 권위, 회사에서의 사장의 권위가 모두 속한다.

---

* 오제명 외, 《68 세계를 바꾼 문화혁명—프랑스·독일을 중심으로》(길, 2006), 322쪽.

먼저 68운동에서 가장 대표적인 권위의 상징은 대학이었다. 학생들은 대학의 권위주의에 눌려 자유를 빼앗기고 있었다. 대학에서 학생들에게 전달한 지식과 독단적 강의에 학생들은 문제를 제기했다. 또한 학생들은 "시험이란 복종을 요구하는 위계적 사회다!"라고 주장하며 시험 형식의 결정과 평가에 학생들의 참여를 요구했다. 프랑스에서 학생들은 엘리트 위주의 교육 정책과 대학의 권위주의를 비판했다. 그들의 구호는 다음과 같았다.

엿 먹어라! 위계제, 권위, 차가운 엘리트주의 논리를 가진 이 사회
엿 먹어라! 꼭대기에 있는 비열한 우두머리와 관료들
엿 먹어라! 사람들을 출신과 숙련 기술에 따라 나누고 자신이 창출한 비참함, 가난, 불평등, 불의를 애써 못 본 척하는 이 꿈쩍도 하지 않는 사회
거부한다! 추상적이고 한정된 강화 교육을, 독백의 공범자가 되는 것을, 몇몇 사회 계급에 한정된 유료 교육을, 학생이 거대한 비생산적 투자로 이해되는 것을, 학생, 노동자, 민중과의 접촉으로부터 배제되어 단절된 채로 있는 것을
요구한다! 학생이 노동자가 되어 생산 체계의 일부를 형성하는 것을, 국민적인 나아가 보편적인 대학에 참여할 수 있기를, 교육이 무료화되는 것을*

살로프

살로프Salope는 프랑스어로 갈보, 창녀를 뜻하지만
이 노래에서는 기존 권위주의 사회를 의미한다. 노래
의 각 절에서 르노 세샹은 아버지, 교수, 경찰, 신부 등
의 권위주의적 태도를 강하게 비판했다.

독일의 경우에도 나치에 협력한 사람들이 여전히 대학 교수로
있으면서 보수적 이데올로기를 옹호하고 있었으며 집회와 토론
을 포함한 학생들의 활동은 학교의 허가를 받아야만 가능했다.
이러한 대학의 권위주의는 학생들에게 대학의 근본정신이라고
할 수 있는 학문과 토론의 자유를 억압하는 것으로 보였다. 잉그
리트 길혀-홀타이는 1968년을 이야기할 때 빼놓을 수 없는 몇
가지로 베트남 전쟁, 체 게바라, 프랑스 파리, 프라하, 히피 등을
언급하며 역시 가장 큰 특징은 '학생'이라고 강조했는데 이는 바
로 당시의 문제에 대학이 있었음을 지적한 것이다.

두 번째로 언급할 권위주의의 상징은 남성의 가부장적 태도
였다. 70년대 저항 음악의 상징적 인물로 68운동 당시 고등학생
이었던 가수 르노 세샹Renaud Séchan은 소르본 집회에서 〈크레브 살
로프Crève Salope〉, 즉 '사회를 무너뜨려'라는 제목의 노래를 불렀다.
그는 "식사 시간에 누군가 없으면 우리의 가여운 아버지는 화를
내. 집에서는 아버지가 질서요, 권위요, 규율이기 때문이지"라고
노래했는데 이는 당시 학생들이 가부장 사회를 어떻게 느꼈는지
를 잘 보여준다.

68운동에 대해 기성세대는 "철부지들. 이건 미쳤군"이라고 말
했다. 자기밖에 모르는 철부지 대학생과 배부른 노동자들이 어

---

* 오제명 외, 《68 세계를 바꾼 문화혁명》, 157쪽.

'도망쳐라, 동지여! 낡은 세계가 너를 뒤쫓고 있다'·'우리 자신을 희생하라고 요구하는 혁명은 아버지 세대의 혁명일 뿐이다'

우러진 난장판, 이것이 기성세대의 눈에 비친 68운동이었다. 기성세대들은 68운동 이후 낭테르 대학을 '미친 낭테르'라고 불렀다. 하지만 학생들은 정말 미친 것은 낡은 세계의 틀 속에 갇혀 그 하찮은 가치를 목숨처럼 소중하게 생각하는 기성세대였다. 이러한 사상을 잘 나타내는 당시의 대표적 구호는 다음과 같다. '서른이 넘은 사람은 그 누구도 믿지 말라', '도망쳐라, 동지여! 낡은 세계가 너를 뒤쫓고 있다', '우리 자신을 희생하라고 요구하는 혁명은 아버지 세대의 혁명일 뿐이다', '젊은이들은 성교를 하고, 늙은이들은 음란한 몸짓을 한다'. 이것은 청춘에 대한 열정, 권위주의의 폐지, 기성세대에 대한 불신, 낡은 세계의 추잡함에 대한 비판을 의미했다. 이제 학생들은 가정에서의 아버지의 권위를 더는 그대로 받아들이지 않았으며, 여성 역시 일상에서 흔히 일어나는 차별을 비판하면서 "개인적인 것이 정치적인 것"이라고 주장했다.

68운동은 강한 자의 권위에 도전하는 모습을 보여주었다. 약소국에 대한 강대국의 권위주의를 자각한 이 세대는 베트남 전쟁 반대 운동을 전개하면서 제3세계의 진정한 해방을 위해 노력했다. 당시 낭테르 대학의 학생이던 넬리 핀키엘스텐은 다음과 같이 말했다.

네이팜탄, 폭격, 공동묘지, 처형

즉, 다른 인종의 소수 주민에 대한 군사적, 경제적 강국의 광포함.
나에게는 이런 것이 베트남 전쟁이었습니다.

그것은 참을 수 없는 일이었습니다.

그것이 내가 호! 호! 호치민!이라고 외치며 거리로 나간 이유였습니다.[*]

자본가에 대한 비판 역시 이런 맥락에서 당시 운동의 핵심 요소였다. 68운동 당시 한 노동자는 "1936년 이래 나는 임금 인상을 위해 투쟁했다. 내 아버지도 임금 인상을 위해 투쟁했다. 이제 나는 텔레비전과 냉장고, 그리고 폴크스바겐을 가지고 있다. 그러나 나는 쓰레기 같은 삶을 살았다. 사장과는 협상하지 말라. 사장을 추방하라"고 말했다.

68운동은 확실히 반자본주의의 모습을 담고 있었다는 점에서 좌파의 색채가 강한 운동이었다. 그들은 부르주아지에 대해 "쾌락밖에 모르는 형편없는 자들"이라고 비판했으며, 정권의 하수인이던 경찰에 대해서도 "모든 생각의 결론은 경찰, 네 아가리 안에 포석을 처넣는 것이다"라고 외쳤다. 또한 '자본주의는 가증스럽게도 그 본래의 모습인 파시즘을 드러내기 시작했다. 권력을 쟁취해야만 한다. 권력을 쟁취하자!'라는 구호도 볼 수 있다.

[*] 오제명 외, 《1968년의 목소리》, 144쪽

그러나 구좌파의 생각처럼 학생들이 단순히 반자본주의라는 좌파 이데올로기를 신념 체계로 받아들이기 시작했던 것은 아니다. '자기희생을 요구하는 순간 혁명은 중단된다', '내일 기쁨을 찾을 수 있다는 기대가 오늘의 권태를 보상하지 못한다' 같은 당시의 구호는 구좌파에 대한 비판을 담고 있었다. 따라서 68운동 세대들은 좌파의 저항 정신을 옹호했을 뿐 좌파의 권위적 이데올로기는 받아들이지 않았다고 할 수 있다.

　68운동은 이외에도 자연에 대한 인류 문명의 권위주의를 비판하고 핵무기와 환경 파괴에도 반대했다. 이 역시 강자에 대한 저항과 약자에 대한 보호를 의미한다고 할 수 있다. 그리고 이러한 움직임은 적자생존의 논리를 신봉하는 진화론적 권위주의에 대해서도 문제를 제기해 이후 인종 차별 문제, 소수자와 장애인 문제를 해결하는 데 커다란 사회적 기여를 했다.

　이처럼 68운동은 교수와 교사 중심의 권위주의, 여성과 청소년에 대한 가부장적 권위주의, 약소국에 대한 강대국의 권위주의, 자연에 대한 인류 문명의 권위주의, 소수자에 대한 다수자의 권위주의에 대해 적극적으로 비판했으며 이후에도 이런 반권위주의는 계속해서 영향을 주었다. 특히 하나의 운동을 계급 간의 투쟁으로만 보던 기성의 이데올로기적 권위주의도 동시에 비판했다는 점에서 그 의미가 매우 크다. 실제로 68운동은 기존의 '혁명'이라는 말에 숨어 있던 권위까지도 반대했다. 이 때문에

성 해방이 기존 사회의 권위를 파괴하고 새로운 상상력을 제공할 것이라는 희망을 표현하고 있었다. 68운동의 구호들은 이제 '만국의 노동자여 단결하라!'는 '만국의 노동자여 즐겨라!'로 바뀌었다.

68운동은 어느 한순간 끝나고 만 것이 아니라 일상에서 지속적으로 전개될 수 있었다. 이것은 새로운 혁명의 본보기가 되었다.

욕망과 상상력의 해방

68운동은 성 본능을 정치적 무기로 변형시켰다. 당시의 구호들은 성 해방이 기존 사회의 권위를 파괴하고 새로운 상상력을 제공할 것이라는 희망을 표현하고 있었다. 하고 싶은 대로 하겠다는 의지의 표현이 처음으로 기성 질서에 대한 도전으로 나타난 것이다. 68운동의 구호인 '사랑을 하면 할수록 더 많은 혁명을 하게 된다', '아래위로 포개 누워 사랑하라!', '너희들의 바지 지퍼를 여는 그만큼 자주 너희들의 두뇌도 열어라', '나는 섹스를 하면 할수록 그만큼 더 혁명을 하고 싶다. 혁명을 하면 할수록 그만큼 더 섹스를 하고 싶다'는 구호는 이를 상징적으로 보여준다. 그것은 거대하고 엄숙한 이데올로기의 문제라기보다는 내가 지금 무엇을 느끼는가에 관한 문제였다. 이제 '만국의 노동자여 단결하라!'는 '만국의 노동자여 즐겨라!'로 바뀌었다. 섹스를 하는 것과 혁명을 하는 것은 이 순간에 구분할 수 없는 영역이 되었다.

시위에 참여했던 남녀 대학생들은 공개 장소에서 입을 맞추었으며, 1969년에 프랑스의 저항 가수 세르주 갱즈부르Serge Gainsbourg

는 〈69년은 에로틱한 해69 Année Erotique〉라는 노래를 불렀다. 68년 세대는 모든 구속과 터부에 저항하며 욕망과 상상력을 해방하고 자 했다. 이것은 기성 질서가 강요한 금욕주의적 논리를 깨뜨리 기 위함이었다. 정치는 이제 섹스와 사랑으로 대체되었으며, 실 용적, 경제적 가치에 대한 우상은 무너졌다. 상상력은 시위에서 모든 가치 가운데 최상의 자리를 차지했다. 그리고 그 속에서 경 쟁심은 인간의 존엄성으로 노동은 놀이로 탈바꿈했다.

자본주의가 선사한 경제적 풍요 속에서 사람들은 무척 따분 하고 지루해했다. 그들은 무언가 새로운 사건을 만들고 싶어 했 고, 스스로 그 사건이 되기를 욕망했다. '나는 내 욕망의 현실성 을 믿기 때문에 내 욕망을 현실이라 여긴다', '지루함은 반혁명 적이다', '우리는 정체됨 없이 살고 무제한으로 즐기고 싶다', '현 실적이 되자, 비현실적인 것을 요구하자!'와 같은 구호는 이러한 상황을 잘 반영한다. 개인의 욕망을 억압하고 감시하는 모든 규 칙과 전통은 거짓이며 오직 개인의 욕망만이 현실임을 68세대 들은 자각하고 있었다. 또한 이들은 겁에 질려 조용히 숨죽이고 있던 사람들에게 오히려 연민의 감정을 느꼈다. 이에 68운동의 참가자들은 다음과 같이 말했다. "모든 사람이 숨 쉬길 원하지만 누구도 그럴 수 없고, 많은 이들은 '우린 나중에 숨 쉴래'라고 한 다. 그들 대부분은 죽지 않는다. 이미 죽어 있기 때문이다."

68운동의 가장 유명한 구호 가운데 하나인 '모든 권력을 상상

"당신들의 행동에서 흥미로운 점은 '상상력에게 권력을' 준다는 것입니다. 당신들에게서 무엇인가가 나와서 사람들을 놀라게 하고 뒤집어엎고 우리 사회를 오늘날 이렇게 만든 모든 것을 거부하고 있습니다. 나는 그것을 가능성 영역의 확대라고 부르겠습니다."

— 사르트르

력에게' 역시 어떤 형태의 억압도 넘어서겠다는 정치적 에로스와 상상력을 담은 표현이다. 그리고 이 말은 지구촌의 모든 청년들에게 마치 각성제와 같은 구실을 했다. '우리는 2 + 2 = 4가 아니라고 확신한다', '포석을 걷어내라, 그 아래에 해변이 놓여 있다'와 같은 구호 역시 이러한 상상력의 가치를 잘 보여준다. 이와 관련해 사르트르는 시사 주간지 《누벨 옵세르바퇴르Nouvel Observateur》에서 인터뷰 상대였던 다니엘 콘 벤디트에게 다음과 같이 말했다.

당신들의 행동에서 흥미로운 점은 '상상력에게 권력을' 준다는 것입니다. 누구나 그렇듯 당신들의 상상력에도 물론 한계는 있습니다. 하지만 당신들의 사고는 선배들보다 풍부합니다. 노동자 계급은 종종 투쟁 수단을 고안해냈지만, 이것은 그들이 처한 구체적 상황과 늘 관련된 것입니다. 그런데 당신들은 훨씬 더 풍부한 상상력을 갖고 있습니다. 소르본 대학의 벽에 적혀 있는 말들이 그것을 증명해줍니다. 당신들에게서 무엇인가가 나와서 사람들을 놀라게 하고 뒤집어엎고 우리 사회를 오늘날 이렇게 만든 모든 것을 거부하고 있습니다. 나는 그것을 가능성 영역의 확대라고 부르겠습니다. 그것을 포기하지 마십시오.

마르쿠제가 말한 '위대한 거부Great Refusal' 역시 상상력에 기반을 둔 개념이다. 이 거부는 "불필요한 억압에 대한 항의, 삶의 두려움이 없는 최고 형태의 자유를 얻기 위한 투쟁"을 의미했다. 학생들은 인간 소외를 가져온 후기 자본주의의 사회 질서가 오직 이러한 상상의 힘을 통해서만 전복될 수 있다고 믿었다. 68세대들이 반항적 이미지의 영화배우 말론 브랜도Marlon Brando와 제임스 딘James Dean을 자기 세대의 상징으로 내세우고, 밥 딜런 Bob Dylan, 믹 재거Mick Jagger 같은 영미권 가수들이나 자크 브렐 Jacques Brel, 조르주 브라상스Georges Brassens, 조니 할리데이Jonny Hallyday, 실비 바르탕Sylvie Vartan 같은 프랑스 가수들을 우상으로 삼은 것도 바로 이러한 맥락에서였다. 특히 비틀스The Beatles는 1967년 6월 2일에 앨범 〈서전트 페퍼스 론리 하츠 클럽 밴드Sgt. Pepper's Lonely Hearts Club Band〉를 발매한 후 68세대의 혁명가로서 가장 높은 평가를 받았다. 큰 반향을 일으킨 이 앨범은 히피 문화를 반영하고 있는데, 특히 앨범 표지가 1967년 10월 21일 미국 펜타곤 앞 베트남전 반대 시위 모습과 흡사해 68운동의 시위에서 종종 사용되기도 했다.

소비 사회 타도

유럽 68세대의 요구에는 물질주의적 소비 사회에 대한 비판이 포함되어 있었다. 이것은 1968년을 전후해 사회가 노동 착취와

Marlon BRANDO

말론 브랜도와 제임스 딘

68세대는 인간 소외를 가져온 후기 자본주의의 사회 질서가 오직 상상의 힘을 통해서만 전복될 수 있다고 믿었다. 그들이 반항적 이미지의 말론 브랜도와 제임스 딘을 자기 세대의 상징으로 내세우고 밥 딜런, 조니 할리데이 같은 가수들을 우상으로 삼은 것도 이러한 맥락에서였다.

68세대는 자본주의가 가져온 인간 소외를 반대했으며, 부와 소비의 증대라는 이상은 역사 진보와 인간 해방이라는 가치와 양립할 수 없다고 생각했다.

탄압을 통한 이윤 창출보다는 조작으로 유지되는 물질주의적 소비 사회로 변모했기 때문이다. 이제 대중을 관리하는 것은 거대한 조작 체계였으며, 이를 통해 후기 자본주의의 지배 이데올로기는 사회의 모든 영역을 넘어 개인의 내면까지 침투해갔다. 68세대는 자본주의가 가져온 인간 소외를 반대했으며, 부와 소비의 증대라는 이상은 역사 진보와 인간 해방이라는 가치와 양립할 수 없다고 생각했다.

그럼에도 기성 좌파들의 해결 방식은 물질주의적 사고와 생산 방식의 문제 제기에 머물러 있었다. 이에 반해 1950년대에 활동을 시작해 68운동에서 큰 호응을 얻은 상황주의자들은 소비에 초점을 맞추었다. 상황주의를 일으킨 기 드보르Guy Debord(1931~1994)는 소비 사회의 발전 속에서 실은 문화 빈곤 현상이 나타난다고 판단했다. 그는 얄팍한 이기주의가 아니라 개인이 자신에 대해 정신적, 물질적으로 책임을 지면서 자유롭게 소통할 수 있는 관계를 만들어야 한다고 주장했는데 이것이 바로 상황주의자들이 요구한 문화 변혁의 요체였다. 1968년에 거리에서 학생들이 외친 '소비 사회 타도!', '볼거리의 상품 사회 타도!', '소외를 타도하자!', '절대로 일하지 말라!', '세계는 상품이 아니다!', '더 많이 소비하시오, 더 빨리 죽을 것이니'와 같은 구호는 이러한 상황을 잘 반영한다.

다시 말해 68운동은 본질적으로 노동이 인간다워지고, 삶이 인간다워지는 더 나아가 "모든 인간이 미의 법칙에 따라 노동하는 사회", "모든 인간의 삶이 예술인 사회"를 향한 대안의 모색이었다고 할 수 있다. 이것은 혁명 방식의 세대적 단절을 의미하고 있었다. 그러나 더 중요한 사실은 이러한 사고방식이 폭발적 운동의 하나로서 출발했지만 실제로 현실에서 구현되었다는 점이다. 그리고 그러한 역사적 경험은 다음 세대에게 새로운 가능성의 전형을 제시했다. 바로 이런 점에서 68운동의 정신은 여전히 현대 사회에서도 시금석으로 기능한다고 볼 수 있다.

68운동의 결실

교육

68운동은 분명히 대학의 위기에서 출발했다. 따라서 정부는 학생들의 요구 사항을 수용하고 방학 이후에 전개될 사태에 재빠르게 대응할 수밖에 없었다. 프랑스에서는 1968년 6월에 에드가르 포르Edgar Faure가 교육부 장관에 임명되었고, 그는 곧바로 새로운 대학 개혁안을 준비했다. 몇 달 간의 준비 과정을 거친 후에 마련된 '대학 교육의 오리엔테이션법'이 9월 각료 회의에서 채택되었고 11월에 국회에서 통과되었다. 법안은 교수, 관료, 학생 등을 대표하는 협의체가 대학의 운영을 맡는다는 내용이었다. 당시 교수들은 이 제도가 대학을 정치화시킬 것이라고 우려했지만 그런 일은 벌어지지 않았다. 대학은 다양한 전공을 도입했으며, 예술, 문학, 과학을 아우르는 교육을 실시했다. 자율성과 학문 간의 대화 역시 대학 사회에 점차 자리 잡아갔다. 이후 대학

도서관과 기숙사 시설이 개선되었고 교수와 학생의 비율도 높아졌다. 그리고 이 법안으로 대학이 평준화되었으며 1970년 3월 대학 개혁을 통해 파리의 국립대학은 13개 대학 체제로 개편되었다.

일상에서는 교수와 학생 간의 평등한 관계가 정착되기 시작했다. 예를 들어 교수 식당과 학생 식당의 구분이 이 시기에 사라졌다. 또 대학 교수들은 넥타이 대신에 티셔츠와 청바지를 자유롭게 입을 수 있었으며, 일상 언어에서도 공식 인사말이나 존대어 대신 간편하고 정감 넘치는 표현이 늘어났다.

교수들의 청바지 차림은 권위를 내세우지 않는 대학 문화가 반영된 것이다

이러한 모든 변화는 운동 당시에 학생들이 주장했던 교과 내용과 교수 선발 과정에 대한 참여 요구를 대학이 상당 부분 수용한 결과였다. 실제로 68운동 기간에 소르본에서는 사상 처음으로 교수와 강사, 조교, 학생들이 공동으로 참여하는 집회가 열려 이러한 문제들에 대한 논의가 이루어졌다. 학생들은 소르본이 이제 예전의 얼굴로 돌아가지 않을 것이며 이날을 기점으로 대학의 새로운 시대가 열렸다고 생각했다.

미셸 푸코

교육 역시 진보적인 방향으로 개선되어 나갔다. 한 예로 1969년에 설립된 파리 서쪽의 뱅센느 실험 대학(현재의 파리 8대학)은 정신 분석학, 여성학, 예술학 등 다양한 학과를 설치해 통합 교육을 지향했다. 이 대학에는 미셸 푸코Michel Foucault(1926~1984), 질

질 들뢰즈

들뢰즈Gilles Deleuze(1925~1995) 같은 당대의 진보 성
향 학자들이 교수로 활동했다.

이러한 자신감은 이후 전개된 교육 운동에서
그 모습을 좀 더 분명히 확인할 수 있다. 예를 들
면 1986년에 의회가 보수파로 바뀌면서 교육부
장관이 된 알랭 드바케Alain Devaquet는 현행 대학 교
육을 미국식으로 바꾸기 위해 1986년 6월 12일에 대학 개혁 법
안을 발표했다. 하지만 이 법안에 대해 72개 대학 중 40명의 총
장과 50명의 전임 총장들이 반대 의사를 밝혔다. 학생들 역시
이 법안은 학생들의 교과 선택권을 제한하고, 대학 졸업장을 대
학별로 줌으로써 대학 간 격차를 유발할 수 있다며 반대했다. 이
는 대학별 등록금의 차이로 나타날 것이 확실해 보였다. 나아가
대학 운영 과정에서 행정 위원회보다 연구 위원회에 더 많은 권
력을 부여해 학생 대표권을 축소하고 기업이 쉽게 대학을 장악
할 수 있다는 우려도 제기되었다. 법안에 대한 반대 시위에는
대학생뿐 아니라 심지어는 대학 생활을 우려한 고등학생과 학
부모까지 참여했다. 결국 이 법안은 철회되고 장관은 사퇴하고
말았다.

그러나 여전히 한계도 있었는데, 대표적으로 엘리트 학교인
그랑제콜Grandes Ecoles과 일반 대학의 차별 문제를 들 수 있다. 그
랑제콜은 일반 대학보다 훨씬 많은 재정 지원을 정부로부터 받

프랑스의 노동법
프랑스의 노동 관련 법률 제정 과정을 보면, 1864년
에 단결권, 1884년에 조합에 관한 법, 1919년에 8시
간 노동, 1936년에 유급 휴가와 40시간 노동, 1945
년에 사회 보장, 1950년에 산업 최저 임금이 규정되
었다.

았으며, 이곳 출신 학생들은 일반 대학 졸업생들과는 달리 사회
요직으로 쉽게 진출할 수 있었다. 반면 일반 대학생은 졸업 후에
일자리를 얻기 힘들었다. 결국 그랑제콜에 대한 위화감은 더욱
커졌고, 이 때문에 현재 프랑스 사회에서는 그랑제콜을 폐지하
자는 주장이 지속적으로 제기되고 있다.

노동

노동 부분에서도 문제점을 해결하려는 움직임이 나타났다. 먼저
프랑스에서는 노동자의 임금이 올랐고 이 덕분에 구매력도 크
게 증가했다. 최저 임금은 시간당 2.22프랑에서 3프랑으로 인상
되었는데, 이 조치는 농업 노동자에게도 적용되었다. 그리고 30
~35퍼센트 인하된 의료 보험액, 소득세 감면, 기업 내 노조의 활
동 보장이라는 성과를 이루었으며, 1968년 12월 5일에 공포된
노조의 자유에 관한 법령을 통해 50명 이상이 고용된 회사에서
는 노조 지부의 설립이 가능해졌다. 200명이 넘는 경우 지부 사
무실의 공간 제공도 의무화되었다.

 또한 경영 이사회에 노동자 대표를 파견하는 권리가 법제화
되면서 공장의 위계질서가 무너지기 시작했다. 공장에서는 문
화 위원회가 만들어지고 노동자들이 참여하면서 노동으로부터
의 소외라는 문제를 어느 정도 해결할 수 있었다. 기독교노동총

동맹CFTC은 "당장의 필요에 대한 충족을 넘어 노동의 기쁨, 집단 적 창조에 대한 참여, 조별 노동의 의미, 모든 노동자의 공통된 상황에 대한 의식, 정보를 입수하고 결정에 참여하려는 욕망" 등 을 제시했다. 프랑스에서 학생과 노동자들의 연대는 이런 성과 를 얻어내는 데 크게 기여했다고 할 수 있다.

이탈리아와 서독에서는 학생과 노동자들의 연대가 거의 이루 어지지 못했지만 이후 서서히 68운동의 영향력이 드러났다. 두 나라에서는 각각 1969년 '뜨거운 가을'의 노동자 투쟁과 1970년 대 초반 '자발적 파업'이 전개되었다. 물론 물질적 생활 조건의 개선이라는 전통적 요구를 넘어서지 못한 한계가 있었지만 그럼 에도 독일에서는 1976년 '신공동결정법'을 통해 노동자들이 기 업 내 의사 결정과 협의 권한을 확보할 수 있었다.

미국에서는 베트남 전쟁 반대가 운동의 핵심 주제였지만 서 서히 사회주의적 움직임이 노동계에서 나타났다. 영국에서도 1968년부터 1974년 봄까지 노동자 투쟁이 꾸준히 늘어났고, 특 히 여성 노동 운동이 강력한 세력으로 등장했다. 동구권에서는 이미 1950년대 후반에 동독과 헝가리에서 스탈린식 권위주의에 반대하는 노동자들이 인간적인 사회주의의 실현을 요구했는데 이것이 1960년대 후반의 민주화 운동으로 이어졌다.

영국 사회주의노동자당SWP의 중앙 위원 크리스 하먼Chris Harman 은 이런 맥락에서 68운동의 영향력이 이후 1969년 이탈리아 노

1974년 포르투갈 카네이션 혁명 당시의 모습

1974년 4월 25일 포르투갈의 좌파 청년 장교들은 40여 년간 지속된 독재 정권에 맞서 무혈 쿠데타를 일으켜 성공을 거두었다. 시민들이 혁명군에게 지지의 뜻으로 카네이션을 달아준 데서 이 사건을 '카네이션 혁명'이라고 부른다. 혁명의 성공으로 포르투갈은 민간 정부가 탄생하는 등 민주화를 이루었다. 군부와 좌익 세력이 주도한 포르투갈 혁명 역시 68운동의 영향 아래 진행되었다.

동자들의 붉은 겨울, 1973년 영국 노동자 투쟁, 1974년 포르투갈의 카네이션 혁명, 1975년 스페인 파시스트 정권의 몰락으로 나타났다고 보았다. 특히 그는 이러한 일련의 사건에서 노동자 계급이 가장 주도적으로 활약했다고 말하면서 68운동에서 사회주의자와 노동자 계급의 역할을 강조했다.

정치

1967년 이후 대부분의 프랑스인은 정부의 경제 정책과 사회 정책에 동조하지는 않아도 여전히 만족감을 느끼고 있었다. 그러나 역사가이자 정치학자인 알렉시스 드 토크빌Alexis de Tocqueville이 말했듯이 생활 조건이 개선되는 시기에 사람들은 오히려 불평등을 더욱 크게 인식하기 시작했다. 1960년대의 성장은 사람들에게 행복을 주지 못했고 오히려 냉담한 사회적 분위기를 조성했다. 특히 경제 정책과 사회 정책은 드골의 아킬레스건이었다.

　68운동 이후 프랑스에서는 먼저 총리가 교체되었다. 선거 후 1968년 7월 10일에 모리스 쿠브 드 뮈르빌Maurice Couve de Murville이 퐁피두에 이어 총리가 되었다. 드골은 후계자로 통했던 퐁피두를 견제하며 1969년 4월 국민 선거를 통해 권위를 회복하려고 했다. 그러나 1969년 4월 27일 국민 투표를 한 결과, 53퍼센트 이상이 반대해 결국 드골은 사임할 수밖에 없었다. 이후 1969년

7월 15일에 퐁피두가 대통령에 당선되었다.

68운동은 좌파인 프랑스 공산당과 우파인 드골 모두에 반대했다. 그것은 이 두 정치 조직이 지닌 권위주의적 태도 때문이었다. 학생들이 요구한 자유롭고 다양한 인간관계는 산업화 속에서 오히려 후퇴하고 있었고, 이것은 몇몇 정신 분석학자들이 말했듯이 '아버지에 대한 저항'으로 나타났다. 아버지가 하던 일, 아버지가 하던 정치는 통제와 규율을 강조했으며, 따라서 학생들의 요구와 충돌할 수밖에 없었다. 드골로 상징화되는 우파는 말할 것도 없고 좌파도 예외는 아니었다. 이런 지형에서 소련 공산당을 아버지로 모시던 프랑스 공산당에 대한 비판은 자연스럽게 나올 수밖에 없었다. 그중에서도 대표 조직이 트로츠키, 마오쩌둥, 체 게바라의 활동을 본받고자 한 극좌파였다. 실제로 프랑스의 마오쩌둥주의자는 직접 공장의 현장으로 침투했으며 파리 교외에서 지역 운동을 펼쳤다. 그리고 트로츠키주의자 역시 자본주의에 대한 분명한 반대를 외치며 프랑스 대중의 고민을 해결하려고 노력했다. 이러한 운동의 성과는 2000년대에 들어 프랑스 공산당은 쇠퇴한 반면 트로츠키주의자는 10퍼센트 내외의 높은 지지 세력을 확보하고 있다는 사실을 통해서도 확인할 수 있다.

또한 1971년 6월 에피네에서 열린 전국 대회를 통해 새롭게 탄생한 프랑스 사회당은 1968년 5월 운동의 주도 세력들을 대거 권위주의 정치 대신 자율과 자치에 기반을 둔 정치가 시작되었으며, 더 나아가 의회 민주주의의 한계를 넘어선 새로운 틀을 만들려는 움직임도 나타났다.

영입했고, 스스로 68운동의 정치적 이상을 구현할 수 있는 정당임을 선전했다. 실제로 이 대회에서 사회당은 '삶을 바꾸는' 정치를 역설했으며 계급 문제와 더불어 성 차별 문제, 세대 문제, 지역 문제 등을 모두 중요시했다. 이후 사회당은 공산당과 '좌파 연합'을 형성해 1981년에 프랑수아 미테랑을 대통령에 당선시키는 데 성공했다. 이처럼 68운동의 정치적 주장은 사회당의 승리라는 틀을 통해 어느 정도 그 영향력을 이어갔다고 할 수 있다.

정치인들은 이런 상황에서 자신들의 권위적 태도를 버리기 시작했다. 중앙 정치인들은 지방으로 내려가 지역 주민들의 의견에 귀 기울이려고 노력했는데, 이것은 권위주의 정치 대신 자율과 자치에 기반을 둔 정치가 시작되었음을 보여준다. 더 나아가 의회 민주주의의 한계를 넘어선 새로운 틀을 만들려는 움직임도 나타났다. 미국의 '참여 민주주의', 프랑스의 '자주 관리', 독일의 '공동 결정', 그리고 이탈리아의 '자치'라는 구호는 이러한 68운동의 정치적 표현을 잘 보여준다.

프랑수아 미테랑

여성

1968년 이후 여성의 일상에도 많은 변화가 찾아왔다. 이제 여성들은 시몬느 드 보부아르가 말한 "여성은 태어나는 것이 아니라 길러지는 것"이라는 주장을 현실에서 충분히 이해하기 시

《미즈》

최초의 페미니스트 잡지로 글로리아 스타이넘Gloria Steinem의 주도 아래 1972년 창간되었다. 스타이넘은 1968년 낙태 허용을 촉구하는 여성 단체 레드스타킹을 만난 후 임신과 월경 등을 주제로 논쟁을 벌이면서 이 잡지를 창간했다. 이 잡지는 여성의 의회 진출과 인종, 계층을 넘어선 연대 운동을 활발하게 벌여 1970년대 여성 운동이 급진전하는 데 중요한 역할을 했다고 평가받는다. 하지만 현실에서 매우 어려운 처지에 있던 여성보다는 중산층 여성들을 위한 잡지라는 비판을 페미니즘 운동가들로부터 받기도 했다.

작했다. 당시에 여성 운동은 '개인적인 것이 정치적인 것'이라는 명제 아래 일상생활에서 흔히 겪는 여성 차별을 사회 정치적 차원에서 비판했다. 그리고 이것은 여성들이 가지고 있던 성에 대한 죄의식을 없애는 것으로 연결되었다. 이제 여성들은 자신의 육체에 제약을 느끼지 않았다. 왜냐하면 이러한 제약의 감정은 바로 자유의 상실을 의미했기 때문이다. 그리고 68운동이 그토록 비판한 권위주의적 태도를, 함께 운동했던 남학생들에게서도 확인한 여성들은 그들 또한 비판의 대상으로 삼았다. 여성들은 "학생과 선생의 관계에 대해 문제를 제기했던 너희는 왜 남자와 여자에 대해서는 생각하지 않느냐?"라고 말하며 거시적 차원의 문제 제기를 일상과 개인의 차원으로까지 확산하려고 노력했다.

68운동 이후 새로운 여성 해방 운동은 지속적으로 전개되었다. 그리고 몇 가지의 성과를 얻어냈다. 우선 1970년에는 여성이 자녀를 자신의 이름으로 인정하는 부모 양육권이 인정되었고, 1972년에는 민법전에 있는 부권의 우세함, 남녀의 위계질서, 적출 친자 관계의 독점권 등 가부장제 원칙도 폐지되었다. 이제 부부간의 평등과 자녀에 대한 동등한 권리가 인정된 것이다. 그리고 같은 해에 여성의 미혼과 기혼 호칭을 거부하는 잡지《미즈 Ms》가 창간되었다.

특히 유산권은 '내 배는 내 것이다'라는 구호를 통해 널리 확

1970년 워싱턴 D. C.에서 열린 여성 운동 행렬

당시에 여성 운동은 '개인적인 것이 정치적인 것'이라는 명제 아래 일상 생활에서 흔히 겪는 여성 차별을 사회 정치적 차원에서 비판했다. 이것은 여성들이 가지고 있던 성에 대한 죄의식을 없애는 것으로 연결되었다. 그리고 68운동이 그토록 비판한 권위주의적 태도를, 함께 운동했던 남학생들에게서도 확인한 여성들은 그들 또한 비판의 대상으로 삼았다.

산되었다. 프랑스에서는 1920년 형법 317조로 낙태를 엄격하게 금지하고 있었고, 독일 역시 빌헬름 제국 시기의 형법 218조에 근거해 낙태를 금지하고 있었다. 그러나 이러한 형법 조항들은 당시 두 나라에서 해마다 약 100만 건의 낙태 수술이 시행되고 있던 현실을 외면한 것이었다. 실제로 여성들은 불법 낙태 시술로 생명을 잃거나 영구 불임으로 고통을 겪어야 했다. 1971년 4월 5일에 작가 시몬 드 보부아르, 마르그리트 뒤라스Marguerite Duras, 프랑수아 사강Françoise Sagan, 영화배우 카트린 드뇌브Catherine Deneuve를 비롯한 유명 인사 343명이 자신들의 낙태를 고백하며 피임과 낙태 시술의 자유를 주장했다. 독일에서도 2개월 후에 유명 인사 28명이 같은 방식으로 자신들의 낙태를 고백했다. 특히 프랑스에서는 슈발리에라는 17세 소녀가 강간으로 임신이 되어 낙태를 하자, 법원이 이 소녀에게 유죄 판결을 내린 사건이 발생했다. 이에 낙태를 고백한 343명은 자신들도 같이 처벌해달라는 성명을 발표했다. 그러나 343명에 대한 조사는 거의 이루어지지 않았다. 이러한 법원의 모순적 태도는 거센 논란과 비판을 불러일으켰다.

이후 프랑스에서는 1975년에 5년간 일시적으로 임신 10주 내에 한해 낙태를 허용하는 베유Veil 법이 국회에서 통과되었고 1979년에는 낙태가 영구적으로 합법화되었다. 그리고 1982년 이후 낙태 수술도 의료 보험 혜택이 적용되었으며 임신의 임의 중단을 허가하는 법 개정도 이루어졌다. 2001년부터는 그 기한이 12주까지 늘어났으며, 태아나 임산부의 건강이 위험에 처했을 때는 14주 후에도 낙태를 허용하는 법이 통과되었다.

독일에서는 1972년에 임신 12주 이내인 경우 낙태를 허용한다는 규정이 의회에서 통과되었지만 연방헌법재판소의 반대로 좌절되었다. 그러다가 1976년 이후에 12주 이내의 태아와 임산부의 생명이 위험에 처하거나 임산부가 아이를 키울 경제적 능력이 부족할 경우 낙태를 허용한다는 조치가 내려졌다. 유산권은 여성이 자신의 몸을 통제하고 가부장주의를 깨는 상징적 권리로서 지금까지도 여성 해방 운동에서 가장 중요한 쟁점 가운데 하나이다.

피임의 경우 프랑스는 1967년 무렵부터 합법적으로 피임약을 구입할 수 있었지만 1969년이 되어서야 시중에서 피임약이 판매되었다. 이후 1974년에 시몬 베유Simone Veil 보건부 장관은 미성년자들이 부모의 동의 없이도 피임약을 살 수 있도록 허용했으며, 더 나아가 피임약도 보험 적용을 받게 했다. 한편 이 시기에 결혼을 거부하는 움직임이 나타나면서 독신 가구의 비중이 높아졌으며, 반권위주의적 교육과 양육을 위한 탁아소 설립 운동이 여성들을 중심으로 활발히 전개되었다.

독일에서는 1976년에 '구타당하는 여성을 위한 집'이 베를린에서 만들어졌고 이후 전국으로 확산되었다. 여성들의 능동적

"부르주아 혁명은 법률적이었으며, 프롤레타리아 혁명은 경제적이었다. 우리의 혁명은 사회적이고 문화적인 혁명이어야 한다."

움직임에 남성들은 반대의 목소리를 높였지만 여성 운동은 더욱 활발하게 진행되었다. 이것은 여성을 남성의 폭력으로부터 지키려는 차원을 넘어서 사회에 널리 퍼진 남성 중심의 사회 구조가 가지는 문제점을 지적했다는 점에서 더 큰 의의가 있다.

문화

68운동 당시 학생들은 자신들의 행동을 부르주아 혁명이나 프롤레타리아 혁명 어느 것과도 동일시하지 않았다. 그들은 "부르주아 혁명은 법률적이었으며, 프롤레타리아 혁명은 경제적이었다. 우리의 혁명은 사회적이고 문화적인 혁명이어야 한다"라고 주장했다. 이것은 인간 소외에 대한 비판을 바탕으로 새로운 인간을 스스로 탄생시켜야 함을 강조한 말이었다. 이후 이러한 태도는 삶의 즐거움과 다양성 확대, 개성에 대한 찬미로 이어졌으며, 반문화 혹은 대안 문화라는 형태로 퍼져나갔다.

먼저 68세대는 비주류 음악이던 비트나 록 음악 그리고 아프리카 음악에 열광했다. 또한 쾌감을 만끽하고자 마약을 복용하며 새로운 현실을 꿈꾸기도 했다. 새로운 주거 공동체로서 코뮌을 조직하려는 움직임도 나타났는데, 실제로 1978년에 독일에서는 8만 명의 청년들이 1만여 개의 거주 공동체를 결성하기도 했다. 프리섹스주의 역시 이러한 맥락에서 나타났다. 이 모든 것

68세대는 새로운
현실을 꿈꾸기
위해 마약을
복용하기도 했다
(1969년 캘리포니아)
ⓒWikiwatcher1

은 기성 질서에 대한 거부와 새로운 삶의 양식을 만들어보려는 하나의 시도였다고 할 수 있다.

초현실주의자와 상황주의자들은 자유로운 상상력을 바탕으로 감수성을 키우고자 노력했는데 특히 연극, 영화, 미술, 음악 등의 분야에서 큰 영향을 미쳤다. 연극은 일상극을 통해 엄숙하고 딱딱한 이념 대신 일상의 단편적 삶에 관심을 두기 시작했다. 프랑스의 빌뢰르반 지방에서는 문화원과 민중 극장 책임자들이 '진정한 문화란 사회에 봉사하는 것'이며 인간의 불평등을 극복하는 데에서 나온다는 강령을 발표하기도 했다. 이것은 고급 문화에 대한 저항의 성격을 드러낸 사건이었다. 영화계 역시 68운동에 적극 참여하면서 칸 영화제를 중단시키기도 했다. 이후 영화감독들은 정치적 성향을 띠었으며 관객의 능동성과 비판 의식을 높이기 위한 영화들을 제작했다. 나아가 공동 제작과 자주 보급 같은 방식으로 자본의 지배로부터 벗어나려는 움직임도 동시에 나타났다. 미술과 음악 역시 기성 예술의 고급스러운 허영심을 버리고 대중과 더 가까워지기 위해 거리로 나갔다.

68세대의 문화적 움직임은 단순히 계급 투쟁을 지향했던 구

좌파의 문화와는 달리 무의식, 상상력, 즉흥성 같은 무정부주의
적 태도를 강조했다. 그리고 이러한 문화적 파급력이 사회 전체
에 퍼져 나가면서 사람들은 일상의 혁명이 무엇인지를 느끼기
시작했다.

지식인과 68운동

68운동에서 지식인의 역할이 컸다는 의견이 많지만 실제로 그들의 사상이 당시에 어느 정도까지 영향을 주었는지 확실히 알 수는 없다. 예를 들어 피에르 부르디외, 미셸 푸코, 자크 라캉Jacques Lacan, 자크 데리다Jacques Derrida 같은 프랑스의 지성들을 마치 68운동의 정신적 지도자로 생각하는 것은 매우 추상적 단견으로 현실과는 거리가 있는 설명이다. 68운동의 구호 가운데 '서른이 넘은 사람은 그 누구도 믿지 말라'는 말은 단순히 구호로 그친 것이 아니었음을 상기할 필요가 있다. 물론 대다수 지식인들이 68운동에 지지를 표명했음은 틀림없는 사실이다. 하지만 이보다 더 중요한 것은 아마도 그들이 운동을 지켜보면서 오히려 학생들로부터 더 큰 자극을 받았다는 사실일 것이다(이것은 마치 2008년 여름 한국 사회를 뜨겁게 달군 촛불 집회를 통해 지식인들이 새로운 패러다임의 전환을 요구받았던 사실을 연상시킨다). 이러한 사실을 인정하면서도 우리는 장 폴 사르트르, 앙리 르페브르Henri Lefebvre*, 헤르베르트 마르쿠제를 언급하지 않을 수 없다. 그 이유는 바로 이들이 68운동에 적극적으로 관계를 맺고 참여했기 때문이기도 하지만 그보다는 당시의 학생들이 상당 부분 이들을 통해 지식인의 역할과 책임을 보고 듣고 깨달았기 때문이다. 학생들은 그들이 그토록 반대한 권위를 이들 지식인에게는 아낌없이 부여했다.

사르트르는 68운동의 주체들을 이끌지 않았지만 지속적인 지지를 표명했다. 그가 다니엘 콘 벤디트와의 인터뷰에서 '모든 권력을 상상력에게'라는 구호를 높이 평가하고

---

* 앙리 르페브르는 프랑스의 사회학자로 1928년에 프랑스 공산당에 입당했으며 1958년 당에서 축출되었다. 인간 소외는 영구 문화 혁명을 통해서만 극복될 수 있다고 주장했으며, 재생산과 소비 주체의 영역에서 후기 자본주의의 모순을 찾고자 했다. 특히 일상생활에 대한 비판이야말로 거대 구조와 지배 방식을 변화시킬 수 있는 출발점이라고 믿었다. 대표작으로 《현대세계의 일상성》, 《모더니티 입문》 등이 있다.

결코 포기하지 말라고 한 말은 지금도 회자된다. 특히 그는 당시에 어느 강연에서 "프랑스 공산당은 경직되었습니다"라고 말하면서 기성 좌파와 명확한 선을 그었는데 이역시 학생들에게는 큰 힘이 되었다. 이러한 의사 표시는 그의 일생을 통해 나타난 '간접 원조'를 의미했다.

앙리 르페브르는 낭테르 대학의 사회학과 학생들이 한창 시위를 벌이던 때 이 학과의 교수로 있었다. 다니엘 콘 벤디트 역시 인터뷰에서 당시에 학생들이 사르트르와 르페브르를 잘 알고 있었다고 말했다. 르페브르는 학생 운동에 대한 지지를 표명했고, 이제 아래에서부터 민주주의와 자주 관리를 요구해야 한다고 생각했다. 그는 특히 상황주의자들과 스트라스부르 대학 재직 시절부터 깊은 관련을 맺고 있었다. 상황주의자기 드보르가 르페브르의 연구소에서 일상생활에 대한 연구를 했던 사실, 낭테르 대학의 조교로서 68운동에 참여했던 그의 제자 장 보드리야르Jean Baudrillard가 소비 사회에 대한 비판을 전개했던 사실, 또 다른 제자 르네 루로René Lourau가 1968년 5월 낭테르 대학에서 열린 토론에서 "마르크스의 비판이 마침내 거리로 내려온 것 같다"고 지적했던 사실을 보면 르페브르의 영향력이 68운동에 얼마나 지대했는지 알 수 있다.

독일 프랑크푸르트학파*의 비판 이론은 당시 학생들의 운동에 큰 기여를 했으나 역설적이게도 그들은 학생 운동과 대립하는 양상을 보였다. 우선 테오도르 아도르노 Theodor Adorno는 학생들이 사회조사연구소를 점거했을 당시 경찰을 불러 이들을 내

---

* 프랑크푸르트학파는 1930년대 이후에 프랑크푸르트의 사회조사연구소에 참가한 학자들을 말한다. 제2차 세계대전 이전 세대로는 막스 호르크하이머Max Horkheimer, 테오도르 아도르노, 헤르베르트 마르쿠제, 발터 베냐민Walter Benjamin, 에리히 프롬Erich Fromm 등이 있으며, 전후 세대로는 위르겐 하버마스와 알프레드 슈미트Alfred Schmidt 등이 있다. 마르크스와 프로이트의 사상을 통합하고자 했으며 1932년에 기관지 《사회연구》를 창간했다. 그러나 나치의 탄압에 해외로 망명했다가 1950년 프랑크푸르트에 모여 활동을 재개했다. 이들의 사상은 일반적으로 '비판 이론'이라고 불리지만 통일성을 이루지는 못했다. 그럼에도 인간 이성의 능동성, 자율성, 창조성을 통해 현대 소비 사회의 질곡으로부터 해방을 추구했다는 공통점을 지닌다.

쫓으려 했다. 같은 학파인 위르겐 하버마스Jürgen Habermas는 학생들의 문제 제기에는 적극 공감했지만 문제를 해결하는 방식에서 학생들과 갈등을 빚었다. 그는 대학 개혁, 긴급 조치법 반대, 베트남 전쟁 반대 같은 주제를 논의의 대상으로 삼은 학생들의 행동을 높이 평가하면서도 비판과 토론을 통한 문제 해결이라는 방식을 고수했다. 이것은 당시 독일의 학생 지도자 루디 두치케와도 갈등을 불러일으켰다. 두치케는 학생들이 만든 지금의 혁명 상황을 통해 권위적 국가에 도전해야 한다고 생각했다. 결국 학생들은 하버마스에게 '좌파 파시즘'이라는 딱지를 붙이며 그의 주장을 받아들이지 않았다. 이를 통해 학생들이 프랑크푸르트학파의 이론을 일관되게 이해했다기보다는 그들의 활동에 필요한 이론 기반을 일부 끌어왔음을 알 수 있다.

실제로 대부분의 학생은 프랑크푸르트학파의 이론에 깊이 심취하지 않았다. 예외가 있다면 헤르베르트 마르쿠제를 들 수 있다. 그는 68운동에서 새로운 문화 혁명의 가능성을 보았고 이 운동이 억압 없는 자유를 실현 가능하게 해줄 것이라고 생각했다. 이것은 '위대한 거부'라는 그의 주장으로 뒷받침된다. 위대한 거부의 토대는 바로 학생들이 주장한 상상력에 있었다. 그는 인간의 자유를 제약하고 통제하는 후기 산업 사회의 질서, 권위주의, 파시즘, 자본주의는 바로 이러한 상상력을 통해서 전복될 수 있다고 보았다. '모든 권력을 상상력에게'라는 68운동의 가장 핵심적인 구호는 바로 이런 사상을 바탕으로 하고 있었다. 더 나아가 마르쿠제는 학생들의 폭력 행동에 대해서도 지지를 표했다. 그는 다음과 같이 말했다.

합법적 수단으로 충분치 않을 때 억압받는 소수의 사람들은 비합법적 수단을 통해 저항할 권리가 있다. 그들의 폭력은 폭력 행위의 새로운 악순환을 의미하지 않는다. 그들의 폭력은 기성의 폭력 사슬을 끊을 것이다.

마르쿠제의 에로스 개념은 68운동에서 해방을 위한 욕구로서 가시화된다. 카치아피카스 역시 68운동이 빠르게 확산된 데는 바로 이러한 에로스 효과가 큰 역할을 했다고 생각했다. 마르쿠제는 비판 이론을 단순한 부정이 아닌 새로운 초월적 유토피아를 제시해야 하는 사상으로 생각했는데, 바로 이 때문에 비판 이론이 68운동의 정신에 잘 부합한다고 할 수 있다.

68운동은 지식인들의 사회 참여를 자연스러운 것으로 만들었다. 그들은 새로운 사회 변화와 그 추동력을 이 운동에서 보았으며 스스로 반성했다. 예를 들어 미셸 푸코는 "68운동이 아니었다면, 자신은 감옥에 대한 연구를 추진할 용기를 얻지 못했을 것"이라고 말했다. 지식인들은 재소자 인권 운동, 이민 노동자의 처우 개선 운동, 동성애자 인권 운동 등 다양한 활동을 펼쳤다. 이를 통해 우리는 68운동이 단순히 젊은 세대의 치기나 반항이 아니라 소외된 인간에 대한 고민을 바탕으로 한 사회 운동이었음을 확인할 수 있다.

68운동과 중등 교육의 변화

68운동이 대학의 개혁을 가져왔다는 사실은 앞에서 살펴보았다. 당시 정치인들은 대학의 열악한 상황을 빨리 해결하지 못하면 언제 다시 새로운 68운동이 출현할지 모른다는 두려움을 느끼고 있었다. 한편 기성세대는 대학생들의 주장에서 기존과는 차원이 다른 가능성을 발견했다. 그러고 보면 당시 프랑스 사회에는 자신과 다른 사상과 주장에 귀 기울일 줄 아는 최소한의 관용과 지혜가 잠재해 있었던 듯하다. 바로 이 지점에서 68운동은 일상의 영역으로 방향을 전환할 수 있었다. 68운동이 중등 교육에 일으킨 변화가 그 한 예이다. 68운동 당시 적지 않은 고등학생들이 집회에 참여했다는 사실도 이 변화에 영향을 미쳤겠지만, 68운동의 긍정적 요소를 어린 학생들에게 교육해야 한다는 논리가 학부모와 교사 그리고 학생들 사이에서 지지를 얻은 사실이 더 중요할 것이다.

시험과 성적

1969년 1월 6일, 교사들에게 세 가지 권고를 담은 회람이 배포되었다. 첫째, 기존의 학기말 시험을 각 수업에서 다양한 방식으로 전환할 것. 이는 평가의 다양성을 통해 학생의 가능성을 총체적으로 이해하려는 노력의 하나이다. 둘째, 전통적으로 0에서 20 사이의 숫자로 나누어 성적을 매겼으나 앞으로는 A~E 중 하나를 선택할 것. 가령 A=뛰어남, E=매우 부족함과 같이 평가하는 방식으로, 이를 통해 성적 결정 방식을 단순화하는 효과를 얻고자 했다. 그러나 이러한 개혁은 잘 진척되지 않았고 학교에서는 0~20점이라는 과거 방식이 여전히 지속되었다. 셋째, 석차를 매기지 말 것. 석차는 학생들 사이에 경쟁 분위기를 조성하고 배제의 감정을 야기할 수 있다. 68운동 이후 교육에서 강조된 것은 비교를 통한 열등감이 아니라 자신의 역량을 발전시키도록 학생들을 자극하는 것이었다. 그러나 프랑스 최고 엘리트 학교인 그랑제콜 입학시

험의 경우에는 성적 순위가 공표되었다. 그랑제콜의 특수성은 68운동의 영향력에서
도 벗어나 있었던 것이다. 그랑제콜은 대학이 평준화될 때에도 엘리트 양성 기관의 지
위를 유지했으며, 지금도 일반 대학에 비해 막대한 정부 지원을 받고 있어 심심치 않
게 폐지 여론이 일곤 한다.

중학교 평준화
1968년 교육부 장관 에드가 포르는 중학교 1학년부터 라틴어 과목을 배우도록 한 규
정을 바꿔, 이해에는 2학년부터, 1969년부터는 3학년부터 배우도록 했다. 1975년 7
월에는 아비Haby 법을 제정해 시험 없이 초등학교에서 다음 단계로 올라갈 수 있도록
했고, 초등학교 5학년에 대해서는 낙제를 금지시켰다. 중학교 자동 진학은 같은 반 학
생들 사이에 다양한 수준 차이가 생기는 결과를 낳았다. 중학교 평준화는 지금도 여전
히 논쟁의 대상이다.

규율
1960년대에 초등학교에서 먼저 일반화된 남녀 공학은 이후 점차 중학교로 확산되었
으며, 1970년대에는 고등학교에서도 자리를 잡았다. 여고생은 블라우스와 치마 대신
바지를 입을 수 있게 되었고 남학생들은 머리를 기를 수 있게 되었으며, 엄격한 복장
통제는 사라졌다.
그러나 전통이 유지되는 곳도 있다. 나폴레옹이 세운 중고등학교인 레지옹 도뇌르 교
육학교나 군사 고등학교에서는 유니폼을 입어야 한다. 호텔 경영 고등학교도 격식을
차려 옷을 입게 했는데 이것은 직업 교육의 일환이다. 흡연은 학교 복도나 기숙사 등
에서 발견되기도 하며 가끔 교사들이 교실에서 담배를 피우기도 한다. 토론을 할 때에
는 교실의 책상 배치를 바꾸었다. 강단이 사라지고 책상을 원이나 사각형 모양으로 배
치한 뒤 교사는 사회자가 되어 학생들의 자유로운 토론을 보장해준다. 심지어 학생들
과 반말을 하는 교사들도 있다. 학생들이 복도에 일렬로 늘어서거나 교실에 앉아 있다

가 교사가 들어올 때 일어서는 모습은 더 이상 찾아볼 수 없게 되었다. 2008년 교육부는 초등학교에서 흡연을 금지하는 규제를 도입했다. 물론 잘못된 행동에 대한 경고와 주의 등은 많은 학교에서 여전히 존재하고 있다.

학급 위원회

1968년 11월 8일의 법령은 교육 기관의 조직에 중요한 변화를 가져왔다. 학부모 두 명과 학생 두 명이 교사, 행정 직원과 함께 학급 위원회에서 의결 사항을 논의하게 된 것이다. 따라서 학교 대표와 학부모의 역할이 매우 중요해졌다. 학교 행정 위원회도 다시 구성되어 3분의 1은 교원 대표, 6분의 1은 학부모, 6분의 1은 학생, 6분의 1은 외부인사, 마지막 6분의 1은 행정 직원으로 채워졌다. 교사들은 권한이 매우 강화되고 자율성과 신분이 보장되었다. 그러나 영미 국가들과 달리 교장은 교육부가 임명했다.

수업 형식의 개선

1968년 이후, 너무 어린 나이에 결정되는 전문화에 대한 거부감, 젊은이들의 다른 문화에 대한 요구, 정치적 삶에 대한 지식욕 등이 수업에 반영되었다. 형식 면에서는 새로운 교육학적 방법이 도입되었는데, 이는 학생들에게 발언 기회를 더 많이 주는 것, 학생 스스로 자료를 찾아 능동적으로 공부할 수 있는 환경을 조성하는 것, 연역적인 방법이 아니라 귀납적인 방법으로 역사적 사실을 재구성하는 것으로 나타났다. 이러한 방법을 통해 학생들은 지식을 자신의 것으로 만들 수 있게 되었다. 토론과 예시가 수업 시간에 더욱 많이 활용되었으며 교과서는 하나의 자료집에 불과했다.

역사 교육의 변화

학생들은 1968년 이전의 역사 교육에 강한 불만을 품고 있었다. 주요한 비판은 역사 교육의 내용과 방법론에 집중되었는데, 교사의 강의가 차지하는 비중이 너무 크고 학생들의 참여가 낮으며, 사건사 · 정치사 중심인 데다가 1945년 이후의 현대사를 배울

기회가 거의 없다는 것이었다. 이러한 비판은 주로 자유주의적 사회 계층, 아날 학파의 역사방법론을 지지하는 사람들, 그리고 교육 개혁가들이 제기했다. 결국 장기 지속적인 사회경제사에 관심이 집중되었고 학생들은 위인과 대중의 역사를 결합하게 되었다. 또 현대사가 고등학교 역사 교육에서 절대적으로 중요하게 되었다.

그러나 역사 교육의 변화에 부정적인 면도 존재했다. 초등학생에게 지나치게 세분화된 과목을 가르쳐서는 안 된다는 생각 때문에 초등학교 1, 2학년 학생들의 교육 과정에서 역사와 지리 수업이 약화되었으며, 1973년 퐁타네Joseph Fontanet 교육부 장관은 고등학교 3학년 과정에서 역사를 필수 과목이 아닌 선택 과목으로 만들려고 했다. 또 1975년의 르네 아비René Haby 개혁은 중학교에서 역사와 지리를 인문과학과 경제학에 포함시키고 연대기 대신 주제를 중심에 두는 역사 교육을 우선했다. 주제 중심교육을 비롯한 새로운 역사 교육 방법론은 극단적으로 전개되면서 나름대로 문제를 노출했다. 예를 들어 영웅에 대한 비판이 지나쳐 잔 다르크가 중학교 3학년 역사 수업에서 사라지기도 했다. 또 자료에만 근거한 수업은 학생들이 각 시기에 대한 전체 상을 그리지 못하게 하는 문제를 낳았다.

이러한 부정적 변화에 대해 역사 교사들이 다시 문제를 제기했다. '역사와 지리 교사 연합'은 고등학교 3학년에서 역사를 선택 과목으로 만들려는 퐁타네의 개혁에 반대했다. 아비의 개혁 때에도 주제별 역사 교육보다는 연대기적 역사 교육으로 돌아갈 것을 요구했고, 초등학교 저학년에서 역사 교육과 지리 교육을 복권했다. 종합적으로 볼 때 68운동은 역사 교육에 혁명을 일으킨 것은 아니었다. 그러나 교사와 학생의 관계 및 교육 방식이 변했으며, 자료 연구 방법을 확대 발전시킴으로써 학생들이 더욱 적극적으로 수업에 임하도록 만들었다.

4장

68운동을 어떻게 평가할 것인가

샤를 푸리에

푸리에Charles Fourier(1772~1837년)는 19세기 초 프랑스의 공상적 사회주의자로 사적 소유에 기초한 상업의 무정부성을 비판했다. 그 대안으로 집단 소유에 입각한 팔랑주라는 공동 조합 제도를 구상했지만 후원을 얻지 못해 실행하지 못했다. "세계의 미래는 인간의 머리에서 발전해 사람을 움직이는 욕망과 열정에 의해서 형성되고 지배받고 지도받게 될 것"이라고 주장했다.

앞 장에서 보았듯이 68운동을 경험한 후 사회는 변화해나갔다. 그러나 이러한 변화는 매우 서서히 일상에서부터 나타났다. 이것은 68운동에 담긴 전망이 모든 면을 포괄했기 때문이었다. 실제로 68운동은 사회의 모순을 폭로하는 촉매로서 큰 역할을 했지만 통일성을 찾기 어려운 카타르시스를 그 속에 내재하고 있었다. 즉 68운동은 마르크스, 마오쩌둥, 인터내셔널, 프롤레타리아의 전통 같은 사회주의 혁명의 성격 외에도 성의 혁명, 개인주의, 쾌락주의, 반권위주의 그리고 진정한 행복은 모든 욕망을 충족시키는 것으로만 구성된다는 푸리에주의를 그 바탕으로 하고 있기도 했다. 또한 운동은 더 크게 보면 옛것과 새것 사이의 모순을 그 대상으로 삼았다. 이것은 운동에서 사용된 구호들을 통해서도 쉽게 짐작할 수 있다. 이제 학자들은 40년을 조금 넘긴 이 운동에 대해 평가를 내리기 시작했는데, 그 평가는 68운동의 성격만큼이나 다양한 모습을 띠고 있다.

1

좌우파의 담론

국가 전복

68운동을 국가 전복의 음모로 보는 것은 보수파의 대표적 해석
이다. 당시 내무 장관이던 레이몽 마르슬랭Raymond Marcellin은 "몇
년 전부터 프랑스에는 트로츠키, 카스트로, 마오쩌둥 등의 영향
을 받은 혁명 정당이 조직되었다. 각기 1천 명에서 3천 명의 당
원을 확보한 이 조직들은 정권 장악을 위해 파업, 공공건물의 점
거, 가두시위, 폭동 등 수단과 방법을 가리지 않는다"라고 주장
했다. 샤를 드골 역시 68운동을 '소수의 공상가들과 정치권력의
장악에 미친 사람들이 공화국을 전복하려는 시도'로 해석했다.
그러나 실제로 68운동에 참가한 학생들은 국가 권력을 장악하
려는 구좌파의 전략에 반대했으며, 나아가 구좌파의 권위주의,
부패, 비효율성 등에 대해서도 신랄한 비판을 서슴지 않았다. 따
라서 구좌파의 음모라고 보는 설명은 당시의 상황을 매우 왜곡

"공산당을 떠날 때는 당신이 공산당에 왔을 때처럼 모든 것을 깨끗하게 한 뒤 떠나시기 바랍니다."

한 것이다. 프랑스에서 좌파 정당에 대한 비판, 그르넬 협정에 대한 노동자들의 반대 그리고 독일에서 독일사회주의학생연맹이 사회민주당으로부터 이탈한 사실은 이런 해석이 터무니없음을 잘 보여준다.

68운동 구호에는 이런 것도 있다. '공산당을 떠날 때는 당신이 공산당에 왔을 때처럼 모든 것을 깨끗하게 한 뒤 떠나시기 바랍니다.' 이것은 공산당을 정치 조직의 하나로 보지 않고 연회 장소로 바라본 것이다. 또한 '나는 그루초 경향의 마르크시스트다'라는 구호 역시 뉴욕 출신의 코미디언 그루초 마르크스를 통해 구좌파의 마르크시즘을 비판한 것이다. 체 게바라, 호치민, 마오쩌둥에 학생들이 열광했다는 점에서도 드골 정부를 전복하려는 의도보다는 구좌파에 대한 비판의 의미가 더 타당하다.

물론 드골 정부에 대한 학생들의 반감은 그들의 구호에 잘 드러나 있었다. 그러나 그것은 드골이 학생들의 개혁 요구를 무시했기 때문이었다. 드골은 "개혁하는 것은 좋다! 하지만 침대 위에서 식사할 수는 없지 않나!"라고 시위 학생들을 비웃었다. 이에 학생들은 "침대 위의 얼간이, 그것은 바로 드골이다!", "10년이면 충분하다! 잘 가라 샤를!"이라고 응수했다. 즉, 보수적 해석은 운동의 발생 원인에 대해서는 눈감은 채 자신들의 잘못을 구좌파에 덮어씌우려는 관점이었다.

계급 투쟁

68운동을 전통적 계급 갈등이나 자본주의적 착취에 대한 항거로 해석하는 세력은 프랑스 공산당이다. 당시 공산당 서기장이던 발데크 로셰Waldeck Rochet는 "68운동의 주체는 노동자 계급이었으며, 당시의 파업은 국가 독점 자본주의의 희생자인 노동자들의 정당한 요구였다"라고 말했다. 그리고 그는 그 예로 1968년 5월 노동자 파업은 1963년 35일 동안 지속된 광부들의 파업, 1967년 2월, 5월, 12월에 걸쳐 일어난 노동총연맹 시위의 연장선상에 있다고 주장했다. 그러나 노동자들의 파업과 공장 점거는 대학생들의 시위가 있고 나서 2주일 후부터 시작되었으며, 노동자들의 파업도 상당 부분 공산당과 노동총연맹의 통제를 벗어난 자연 발생적인 것이었다. 실제로 공산당과 노동총연맹은 학생들의 시위를 부르주아 자식들의 일시적 경거망동으로 비난하면서 학생과 노동자들의 연대 투쟁을 저지하려고 노력했다. 그리고 당시 노동총연맹은 학생과 지식인들의 비난에 대해 "열에 들뜬 몇몇 프티 부르주아들이 노동 운동을 비방하며 노동자들을 가르치려고 한다. 노동 계급은 이런 짓을 거부한다. 노동 계급은 이미 오래전에 성인이 되었다. 노동 계급은 어느 누구의 보호도 받을 필요가 없다"는 내용의 성명서를 발표하기도 했다.

전통적 계급 투쟁이라는 해석은 당시의 현실을 무시하는 주장

프랑스 노동총동맹이 1968년 5월 프랑스 파리 거리에서 행진을 하고 있다

68운동을 전통적 계급 투쟁으로 해석하는 것은 무리가 있다. 1960년대는 자본주의적 착취가 심각한 시기가 아니었으며, 노동자들의 불만은 경제적 문제보다는 공장 내에 존재하는 불평등과 경영 참여 제한에 있었다. 따라서 68운동을 자본가와 프롤레타리아의 대립으로 본다면 노동자들의 참여를 단순히 경제 투쟁으로만 해석할 위험이 있다. 결과적으로 본다면, 68운동은 경제적 불만에 크게 영향을 받지 않고 진행된 탓에 빨리 추동력을 잃었으며, 결국 사회 전복으로까지 나아가지 못했다.

이다. 왜냐하면 1960년대는 자본주의적 착취가 심각했던 시기가 아니기 때문이다. 당시 3차 산업의 확장, 화이트칼라의 증대, 기술 혁신을 통한 노동 시간의 단축은 노동자들에게 경제적 풍요와 여가를 선사하고 있었다. 실제로 독일 사회민주당의 경우이 시기에 당원들 사이에 화이트칼라의 비중이 높아졌으며, 전통적으로 당의 기반이었던 생산직 노동자의 비중은 현저히 감소하고 있었다. 물론 자본주의적 착취가 완전히 사라졌다고 말할 수는 없지만 이 시기에 노동자들의 불만은 기존의 경제적 문제가 아니라 공장 내에 존재하는 불평등과 경영에 대한 참여 부족에 있었다. 그리고 그러한 불만이 1968년에 직접 드러난 것이었다. 문제는 68운동을 전통적 방식으로 즉, 자본가와 프롤레타리아의 대립으로 해석하는 데 있다. 이는 자칫 노동자들의 참여를 단순히 경제 투쟁으로만 해석할 위험이 있기 때문이다. 결과론적으로 해석한다면 오히려 68운동은 경제적 불만에 크게 영향을 받지 않고 진행된 탓에 그토록 빨리 추동력을 잃었으며, 결국 사회 전복으로까지 나아가지 못했다고 보는 것이 타당할 것이다.

2

새로운 사회의 출현

영혼 없는 문명

모리스 클라벨Maurice Clavel, 장 마리 도메나크Jean-Marie Domenach 그리고 자크 마리탱Jacques Maritain은 68운동을 정신적 반란과 문명의 위기로 바라보았다. 그들은 억압적이고 어처구니없는 사회, 아메리카니즘 그리고 '영혼 없는 문명'에서 이러한 사건이 벌어졌다고 주장했다. 에드가르 포르 역시 같은 맥락에서 정신적 위기를 그 원인으로 보았다.

이러한 해석은 당연히 제2차 세계대전 이후 급속한 산업화의 결과로 나타난 대중 소비 사회 그리고 일상생활의 파편화와 개인의 소외를 강조한다. 프랑스의 진보적 가톨릭 잡지 《에스프리 Esprit》의 편집장이었던 장 마리 도메나크는 '삶을 변화시키자'는 1968년의 구호를 소외와 산업 문명을 넘어서기 위한 새로운 문명에 대한 요구로 해석했다. 다른 한편으로 실존주의 철학자 자크 마리탱은 1968년 이전에 젊은 세대들이 모든 절대 가치가 무화된 진공 상태에서 '형이상학적 병'에 걸려 있었다고 전제하고, 이 속에서 살아야 할 이유와 의미를 찾기 위해 68운동을 전개했다고 해석했다. 그러나 이 해석에는 문명의 위기와 의미의 진공 상태가 어떤 과정을 거쳐 68운동으로 표출되었는지에 대한 해명이 빠져 있다. 결국 이러한 해석은 68운동의 과정을 설명하기 위해서 우연이라는 요소에 기댈 수밖에 없었다. 즉, 상황이 급변하는 와중에 사소한 원인들이 거대한 사건을 발생시켰다는 것이다. 낭테르에서 일어난 사건, 학장의 미숙한 대처, 소르본에서 일어난 갑작스러운 경찰의 진입, 사건이 터진 이후 대통령과 총리의 공식 여행, 상황을 걷잡을 수 없이 만들었으나 그 자체로는 의미가 없는 행동들, 그리고 수많은 구호가 바로 이러한 우연의 요소들이다. "방심한 상태에서 그 사건을 맞게 되었다"는 사르트르의 말대로, 겉으로만 보면 이 사태는 '갑작스런 폭발'이었다. 그리고 이것은 당시 프랑스 사회가 매우 '무료하고 지루한 사회'로서 무언가 새로운 것이 나타나기를 바랐다고 볼 수도 있다. 그러나 이 해석은 공감의 여지는 있으나 모든 역사적 사건에 적용 가능하다는 점에서 특정한 시대의 특별한 사건으로서 68운동을 설명하기에는 지나치게 평범해 보인다.

신문화 운동

프랑스의 사회학자 알랭 투렌Alain Touraine은 68운동을 노동자 중심의 계급 투쟁이 아니라 문화적 차원의 사회 운동이었다고 바라보았다. 그는 이 운동을 통해 반권위주의적이며 공동체적인 대항 유토피아가 현실에 그 모습을 드러냈다고 생각했다. 그리고 이것은 기존 산업 사회와는 차별화된 후기 산업 사회의 도래를 의미한다고 판단했다. 그에게 당시 사회의 새로운 지배 계급은 지식과 정보에 대한 의사 결정권을 가진 기술 관료들이었다. 물론 노동에 대한 자본의 착취는 여전히 남아 있었지만 프롤레타리아는 체제 내로 편입되어 더는 사회 변혁의 주체가 될 수 없었다. 이제 그 자리에 기술 관료들의 독점적 의사 결정에 대항하는 새로운 주체로서 학생, 대중 매체 종사자, 비서, 교사, 의료 종사자 그리고 소외된 과학자와 기술자 등 전문 지식은 있으나 의사 결정 과정에서 배제된 이른바 새로운 노동 계급이 등장한 것이다. 그는 68운동이 통합과 근대화를 주장하는 기술 관료 지배층과 반권위주의, 해방, 참여를 주장하는 새로운 전문가들 사이의 대립에서 발생했다고 보았다. 이러한 새로운 전문가들은 1970년대 말부터 서구에서 활발히 전개된 환경 운동, 인권 운동, 반전·평화 운동, 대안적 생활 문화 운동 같은 신사회 운동에서 선구자 역할을 담당했다.

　물론 68운동이 이보다 좀 더 좌파적 성격을 띤 것은 사실이지
만 신사회 운동이 지닌 반권위주의와 자율적 구조는 68운동의
영향을 직접 받았다고 할 수 있다. 그리고 이러한 일련의 현상들
은 기성 체제의 틀을 벗어나 이제 개인의 의지와 활동에서도 그
가치를 찾을 수 있다.

세계체제론

68운동의 가장 인상적인 특징 하나는 국민 국가의 경계를 뛰어
넘어 전 세계적으로 거의 동시에 발생했다는 사실이다. 프랑스

> "이제껏 세계 혁명은 단 둘뿐이었다. 하나는 1848년에, 그리고 또 하나는 1968년에 일어났다. 두 혁명 모두 역사적 실패로 끝났지만 두 혁명 모두 세계를 바꾸어놓았다."
>
> —월러스틴

에서의 학생 봉기와 노동자 투쟁, 미국에서의 자유 언론 운동과 흑인 인권 운동, 이탈리아에서의 학생 운동 및 북부 노동자들의 공장 점거 운동, 멕시코 대학생들의 올림픽 개최 반대 운동, 일본에서의 전공투 등은 이 시기의 역사 흐름을 한눈에 보여준다.

이런 맥락에서 미국의 사회학자 이매뉴얼 월러스틴Immanuel Wallerstein은 68운동을 미국의 헤게모니 상실과 소련의 스탈린주의에 대한 비판 그리고 탈위성국가화라는 조건이 동시에 맞물려 일어난 세계적인 사건으로 해석했다. 그는 "이제껏 세계 혁명은 단 둘뿐이었다. 하나는 1848년에, 그리고 또 하나는 1968년에 일어났다. 두 혁명 모두 역사적 실패로 끝났지만 두 혁명 모두 세계를 바꾸어놓았다"고 말했다. 먼저 1848년 혁명은 노동 운동을 기반으로 하는 전통적 좌파Old Left의 출현을 알리는 사건이었다. 당시 혁명의 정치 전략은 사회 변혁으로 가는 길에서 반드시 거쳐야 하는 중간 과정으로 '국가 권력의 장악'이라는 목표를 설정하는 것이었다. 그가 제시한 구좌파 반체제 운동의 세 가지 주요 형태는 제3인터내셔널의 공산주의 운동, 제2인터내셔널의 사회 민주주의 운동 그리고 유럽 외부에서 일어난 민족 해방 운동이었다. 이 형태들은 모두 한 가지 공통점이 있는데 그것은 이들이 모두 근대 세계의 기본적 정치 구조를 '국가'라고 여기면서 변혁을 위해서는 국가 기구를 장악하고 그 권력을 획득하는 것이 제1의 과제라고 인식했다는 사실이다.

이매뉴얼 월러스틴
©Alexei
Kouprianov

이에 반해 68운동은 '새로운 사회 운동'에 기반을 둔 새로운 좌파New Left의 출현을 의미했다. 이러한 새로운 운동의 출현은 다음과 같은 세 가지 요인에 기인한다. 우선 19세기에 일어난 반체제 운동 이후 관료제 사회와 그 조직의 힘이 너무 커졌다. 둘째, 좌파의 조직들이 기대를 충족할 만한 능력을 점점 상실해갔다. 셋째, 관료제 조직의 틀을 벗어난 직접 행동들이 더 큰 영향력을 발휘했다.

　이제 냉전 체제의 이완이라는 조건에서 태어난 새로운 좌파의 주장은 두 가지로 요약된다. 첫째, 산업 프롤레타리아를 주도 세력으로 하는 계급 투쟁은 더 이상 최우선의 과제가 아니며, 계급 불평등 이외의 다른 기준에 근거한 불평등도 똑같이 중요한 의미로 떠올랐다. 둘째, 혁명은 이제 반드시 폭력을 내세워 국가 권력을 장악하는 것이 아니었다. 그러나 이러한 해석은 거시적 틀에서는 매우 타당하지만 각 나라의 독자적 움직임을 구체적으로 조망하지 못한다는 한계가 있다.

| 전통의 파괴인가 새로운 대안인가

2002년부터 2004년까지 교육부 장관을 지낸 뤽 페리Luc Ferry는 68운동 이후 프랑스의 교육 체계가 총체적으로 흔들리기 시작했다고 지적했다. 그는 이 운동 이후 프랑스의 전통 가치는 무시되었고 생에 대한 허무주의가 확산되었다고 보았다. 더 나아가 치안 위기, 공동체 붕괴, 교권 추락 등이 모두 68운동이 남긴 결과라고 말했다. 그리고 매우 역설적이게도 대중 소비 사회로 나아가는 과정에서 68운동이 자본주의 사회에 기여했다고 평가했다. 왜냐하면 소비 사회로 나아가려면 기존 사고방식에서 벗어나야 하는데 68운동이 이를 대신 해결해주었다는 것이다. 이외에도 그는 68운동의 사상적 기반을 제공한 미셸 푸코, 피에르 부르디외, 자크 라캉 등도 모두 프리드리히 니체F. W. Nietzsche, 카를 마르크스, 지그문트 프로이트Sigmund Freud 등의 독일 학자들의 아류에 불과했다고 혹평했다.

프랑스 파리정치학교의 사회학과 교수 루이 쇼벨Louis Chauvel은 이와는 조금 다른 시각에서 68운동을 평가했다. 쇼벨은 68세대는 풍요를 누렸지만 그것을 다음 세대에 전해주지 못한 '이기적 세대'라고 지적한다. 그는 "68세대의 이념이 무엇이든 그 실제 결과를 놓고 보면 후속 세대를 위해서는 아무것도 하지 않았다"고 말한다. 실제로 1968년을 전후해 누구나 쉽게 대학에 가는 시대가 열렸다. 68세대는 그전 세대와 달리 대거 대학에 입학하고 졸업했다. 이들은 사회에서 대학 학위가 가진 희소가치를 떨어뜨리지 않고 그 학위에 상응하는 높은 보상을 받았다. 또한 68세대는 실질 임금이 상승하는 시대를 살았기 때문에 이혼과 재결합을 반복하면서도 여러 자녀를 키울 수 있었다. 이들은 실업률 제로의 상황에서 취업해 회사의 임금 협상에서 유리한 위치에 있으면서 가파른 승진을 했다. 그리고 1981년에 사회당 프랑수아 미테랑을 대통령으로 당선시켜 복지 확대를 이루어냈다. 그들은 연금 100퍼센트를 받았으며 2005년부터 퇴직하기 시작했다. 한마디로 20세기 프랑스 역사상 가장 행복한 세대였다는 것이다.

이에 비해 1975년부터 태어난 68세대의 자녀들은 취업 때부터 저성장의 후유증을 겪고 있다고 그는 말한다. 이들은 대학을 나와 평균 2~3년간 실업을 경험하고 23세가 넘어서야 비로소 취직해 연금을 내기 시작한다. 또한 연금 개혁에 따라 연금 납부 기간은 40년으로 늘었고 45년까지 늘어날 수도 있어 상황은 더욱 좋지 않다. 이미 젊은이들 대부분이 장기 실업 때문에 연금 납부를 포기했다.

그러나 68운동 당시 독일사회주의학생연맹을 이끌었고 현재 독일 하노버 대학 명예교수로 있는 클라우스 메슈카트Klaus Meschkat는 이러한 현재의 사회 문제를 인식하면서 그 해결책으로 오히려 68운동을 주목해야 한다고 말한다. 그는 "68운동의 계승자는 반세계화 운동"에 있다고 보면서 "68운동이 냉전과 제국주의 지배 질서에 맞서 유럽과 아시아, 아메리카의 청년들이 벌인 전 지구적 반체제 운동"이었다고 주장한다. 메슈카트는 68운동의 진정한 적자가 세계화에 맞선 민중들의 저항 운동에 있다고 본다. 다만 그는 68운동의 자유롭고 국제적 성격을 지나치게 강조하는 것은 1968년에 대한 향수와 지나친 신비화를 가져올 수 있다고 지적한다. 그가 볼 때 지배 질서에 저항하는 사회 운동은 1968년 이후 꾸준히 진화해왔기 때문에 68운동이 이로부터 벗어났다고 파악하는 것은 지나친 해석이다. 그는 오늘날 반세계화 운동의 구심인 세계사회포럼WSF은 68운동 때보다 한 단계 진화한 운동 조직이며, 이를 통해 세계화가 가져온 문제를 해결해나갈 수 있다고 생각한다.

5장

68운동과 한국 사회

노자는《도덕경》24장에서 다음과 같이 말했다.

발끝으로 서는 사람은 단단히 설 수 없고
다리를 너무 벌리는 사람은 걸을 수 없다
스스로를 드러내려는 사람은 밝게 빛날 수 없고
스스로 의롭다 하는 사람은 돋보일 수 없고
스스로 자랑하는 사람은 그 공로를 인정받지 못하고
스스로 뽐내는 사람은 오래갈 수 없다

노자의 말을 여기서 언급한 이유는 권위는 스스로 가질 수 있
는 것이 아니며 타인이 부여해줄 때 비로소 얻는 것임을 다시 상
기하기 위해서이다. 68운동 당시 학생들이 격렬히 반대했던 것
은 바로 기성세대가 틀어쥔 권위주의, 즉 권위를 '부리는' 모습
이었다. 그리고 이러한 권위주의는 필경 세대 간의 소통을 단절

시키고, 광장에서의 자유로운 의사 발언을 막으며, 자신의 권력을 유지하기 위해 민주주의를 억압한다. 나아가 권위주의는 경험과 연륜을 지나치게 숭배하며, 조직을 위한 개인의 희생을 강조하여 개인이 가질 수 있는 상상력과 창조력을 모두 없애버린다. 그렇다면 한국 사회는 이러한 권위주의로부터 자유로운 사회인가? 한국 사회는 노자의 이 구절을 얼마나 가슴 깊이 간직한 사회인가?

두 가지 이야기

이야기 하나

과거에 조금 황당한 전화를 받은 경험이 있다. 상대는 나이 지긋한 목소리와 매우 근엄한 어조로 이렇게 말했다. "난데." 이 말에 나는 약간 겁을 먹고 "죄송하지만 누구신가요?"라고 정중하게 물었다. 그랬더니 상대방은 수화기 너머에서 "어허! 나라니까……" 하고 목소리를 높였다. 나 역시 다시 물어볼 수밖에 없었다. "누구신지 잘 모르겠는데요. 어디에 전화를 거셨나요?" 그런데 이 말에 상대방이 화를 내기 시작했다. "아니, 이 사람이 나라니까, 나!" 나는 "전화 잘못 거신 것 같습니다"라고 말하고 전화를 끊을 수밖에 없었다. 바로 다시 전화가 왔다. 상대방은 굉장히 화가 난 어조로 어른을 몰라본다느니, 왜 자기를 모르냐고 소리쳤다. 결국 나는 내 이름을 밝히고 도대체 누구신데 그러냐고 물었다. 상대방은 바로 전화를 끊었다. 아마도 내 이름을 들고서야 그 어르신은 당신께서 전화를 잘못 걸었다는 사실을 안 듯싶었다.

이야기 둘

고등학교 1학년 때 일이다. 학기가 시작되고 얼마 지나지 않아 반 아이들은 열 장이 채 안 되는 재미있는 팸플릿을 만들었다. 내용은 대부분 자신이 알고 있거나 창작한 유머였는데, 꽤 흥미로워 참여하지 않은 아이들로부터도 큰 인기를 얻었다. 반 아이들의 호응에 힘입어 우리는 그것을 한 달에 한 번씩 출간하기로 결정했다. 그런데 어느 날 갑자기 담임 선생님이 그런 행동은 안 된다고 주의를 주었다. 그 이유를 물었지만 명확한 대답은 들을 수 없었다. 하지만 담임 선생님도 팸플릿에 대해 긍정적으로 생각하고 있다는 것을 모두가 눈치채고 있었다. 왜냐하면 선생님은 말씀 중간에 팸플릿을 가리키며 "매우 재미있고 좋은 일이지만"이라고 언급했기 때문이다. 아마도 위로부터 어떤 압력을 받은 게 아니었을까 싶다. 선생님은 그저 안 된다는 말과 그것이 학교의 방침이라는 말만 되풀이했다.

두 가지 에피소드는 별개의 것으로 보이지만 실상은 한국 사회의 권위주의 모습을 그대로 반영한다. 한국의 기성세대들이 스스로 권위를 내세우려는 이러한 모습은 아주 낯선 것이 아니다. 문제는 거기에 어떤 합당한 이유가 없다는 점이다.

학생들은 어려서부터 이런 사회적 관습에 익숙해질 것을 강요받고, 그것을 다음 세대에게 그대로 물려준다. 학교는 1점이라도 더 높은 점수를 받는 학생에게 권력을 부여해준다. 결국 재기 발랄한 상상력을 가진 학생들은 자신의 자유로운 생각과 표현을 포기해야 한다는 것을 어려서부터 배운다. 한국 사회에서 어떤 대학을 들어가느냐의 문제는 앞으로 어떤 계급의 성원이 되는가를 결정하는 문제다. 진보 성향이든 보수 성향이든 이 문제에서만큼은 그 누구도 예외가 없다. 이에 저항하는 것, 그것은 사회의 낙오자가 되는 것을 의미한다. 부모들은 "부모 말이 옳았다는 것을 너도 나중에 알게 될 거야"라는 한마디 말로 기성의 관습을 강요한다. 그것은 자녀의 적성은 전혀 고려하지 않은 채 법대와 의대로 학생들을 내모는 결과를 낳았다. 그리고 그 자녀들이 커서 부모가 되었을 때 그들 역시 자녀들에게 똑같은 말을 건넨다. 새로운 생각을 하는 것, 그것은 이 사회에서 일종의 죄악이다. 대통령이 되어도 대학을 나오지 않으면 비주류가 될 수밖에 없는, 낡은 가치와 권위주의가 지배하는 사회에서 새로운 상상력, 창의성 혹은 주체성을 바란다면 그것은 지나친 욕심일 것이다. 이런 문제의식에 공감한다면 이제 우리가 1968년의 세계적 사건에 주목해야 하는 이유는 설명된 듯하다.

68운동과 촛불

한국에서 68운동과 가장 유사한 사건으로는 2008년 여름의 촛불 집회를 들 수 있다. 학생들로부터 운동이 시작됐다는 점, 기성 정당의 조직적 틀을 거부했다는 점, 거리 토론을 통해 민주주의의 가치를 재확인했다는 점 그리고 시위가 축제와 결합했다는 점 등은 이를 잘 뒷받침해준다. 내용 면에서도 창의성을 말살하는 교육 제도를 거부하고, 진실을 왜곡하던 친미 언론을 비판하고, 정부와 경찰의 권위적 태도에 저항한 점은 68운동에서 봤던 모습과 큰 차이가 없다. 특히 중요한 사실은 이 두 사건이 일상의 혁명이란 무엇이고, 상상력에게 권력을 부여한다는 것이 어떤 가치를 지니는지 일깨워주었다는 점이다. 기존 사회를 초월한 새로운 사회의 전망 그리고 이를 가능케 할 새로운 패러다임의 전환을 우리는 이 두 사건에서 찾아볼 수 있다. 촛불 집회의 양상

2008년 6월의 한미 쇠고기 협상 반대 시위 © ChongDae

과 구호들을 68운동과 관련지어 살펴보는 일도 바로 이런 점에서 의미가 있다.

국민 주권

2008년의 촛불 집회는 미국산 쇠고기 수입 협상에서 비롯되었다. 이해 봄에 진행된 협상은 광우병 쇠고기 수입 위험 등 국민의 건강과 직접 관련이 있다는 점에서 큰 관심의 대상이 되었다. 그러나 협상 과정에서 한국 정부가 보인 진정성 없는 태도는 국민의 분노를 자아내기에 충분했다. 당시 국민들은 값싼 쇠고기보다 안전한 쇠고기를 원했으며, 미국과의 재협상을 통해 국민 건강 주권과 국가 검역권을 확보하라고 정부에 요구했다. 그러나 한국 정부는 '재협상 불가'라는 원칙을 세운 후 국민의 의견에 귀를 기울이지 않았다. 당시에 '협상 무효, 고시 철회', '광우병 쇠고기! 너나 먹어 이명박!', '쇼하지 말라, 냉큼 재협상', '쇠고기와 대통령은 국산을 애용합시다!' 같은 구호는 집회가 어디에서 시작되었는지, 그리고 집회의 성격과 국민의 불만이 무엇이었는지를 잘 보여준다. 하지만 정부는 국민의 80퍼센트 이상이 원했던 재협상 요구를 쉽게 받아들이지 않았다.

이런 정부의 태도를 보면서 국민들은 온갖 희생을 치르고 쟁취한 민주주의가 후퇴하고 있음을 느끼기 시작했다. 정부의 소

2008년 촛불 집회 당시 "고시 철회"를 외치며 행진하는 시민들 ⓒ 심장원

통 부재와 완고한 권위 의식에 대한 비판은 집회에서 자주 나왔던 구호인 헌법 1조로 가시화되었다. '대한민국은 민주공화국이며 모든 권력은 국민으로부터 나온다'는 이 구호는 명확한 설명도 하지 못한 채 자신들의 권위를 강압적으로 내세운 현 정부에 대한 국민들의 냉엄한 비판이었다.

말과 상상력

촛불 집회는 시민들의 불만과 분노가 말의 성찬으로 분출했다는 점에서 특기할 만하다. 자유 발언대에서는 시민들이 자신의 생

"대한민국은 민주공화국이며 모든 권력은 국민으로부터 나온다."

각을 마음껏 표출했으며, 시민들은 자발적으로 사비를 털어 대자보와 팸플릿을 만들었다. 인터넷을 통한 대화는 말할 것도 없고 시민들이 직접 카메라를 들고 찍은 사진과 동영상은 디지털 네트워크를 통한 소통과 연대가 무엇인지를 보여주었다. 또한 촛불 집회 도중에는 사람들이 삼삼오오 도로에 앉아 술잔을 기울이며 자유롭게 토론하는 모습을 쉽게 볼 수 있었다. 집회는 매우 소란스러웠지만 그 덕분에 광장은 본연의 정체성을 찾았다. 이처럼 시민들은 대화와 토론을 통한 민주주의가 무엇인지를 직접 보여줌으로써 정부의 반민주주의적 태도에 경종을 울렸다.

이는 1968년에 파리의 학생들이 소르본 대학과 거리를 점거한 채 자유롭게 토론을 했던 모습 바로 그것이었다. 차이점이 있다면 파리의 대학생들이 바리케이드를 설치한 반면 2008년 한국에서는 경찰들이 전경차로 바리케이드를 쳤다는 사실이다. 이것은 그동안 한국 사회에서 볼 수 있었던 시위 양상과는 크게 다른 것이었다.

시위대가 청와대로 가고자 했던 이유는 마치 조선의 선비들이 국왕에게 읍소하듯이 대통령에게 직접 이야기를, 말을 하고 싶었기 때문이다. 그러나 정부는 말과 대화가 아닌 '명박 산성'과 '물대포'로 이들을 맞이했다. 명박 산성에 대해 여고생들은 "집 앞이야 얼른 나와! 소통 좀 하자! 누나 무서운 사람 아니야"라고 말했지만 정부는 답하지 않았다. 또한 경찰들은 물대포를 쏘

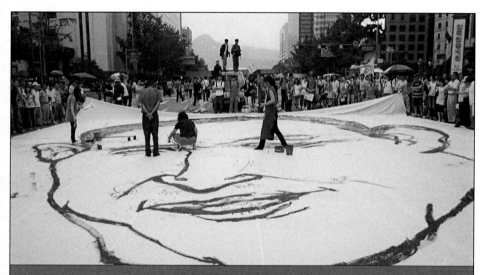

집회에서의 퍼포먼스를 준비하는 시민들 ⓒ 심장원

촛불 집회는 시민들의 불만과 분노가 말의 성찬으로 분출했다는 점에서 특기할 만하다. 집회는 매우 소란스러웠지만 그 덕분에 광장은 본연의 정체성을 찾았다. 이처럼 시민들은 대화와 토론을 통한 민주주의가 무엇인지를 직접 보여줌으로써 정부의 반민주주의적 태도에 경종을 울렸다.

촛불 집회는 전 세계적으로 유례를 찾기 힘든 저항의 축제였다. 이제까지 경험하지 못한, 폭력에 맞선 웃음과 놀이라는 새로운 시위 문화에 기성세대들은 적잖이 놀랄 수밖에 없었다.

며 시위대의 접근을 막았다. 이에 시위대는 '온수! 온수!', '온수! 샴푸!', '물 뿌리지 마! 어렵게 장만한 옷이야! 세탁비 청구한다', '물대포, 안전하면 청와대 비데로 써!'라는 구호로 맞서며 경찰의 폭력 진압을 재치 있는 유머로 받아쳤다. 이러한 모습은 도심 곳곳에서 나타났다. 예를 들면 경찰의 연행과 탄압에 시민은 '불법 주차 차 빼라!', '함께해요 닭장 투어!'라고 외쳤으며 경찰의 해산 명령에는 '노래해! 노래해!'라고 응수했다.

확실히 촛불 집회는 전 세계적으로 유례를 찾기 힘든 저항의 축제였다. 이러한 대립 구도는 세계의 주목을 받을 만했다. 이제까지 경험하지 못한, 폭력에 맞선 웃음과 놀이라는 새로운 시위 문화에 기성세대들은 적잖이 놀랄 수밖에 없었다. 정부 역시 그 대응 방법에 혼란을 겪기는 마찬가지였다. 그러나 이미 집회는 기존의 고정 관념을 벗어나 있었다. 집회에는 유모차 부대와 고등학생들이 나왔고 가족 단위의 참가자들도 많았다. 이들의 거리 행진은 마치 공원에 산책을 나온 사람과 같은 모습이었다. 거리 곳곳에서는 풍물패와 오케스트라가 연주를 했으며 사람들은 음악에 맞추어 춤을 추었다. 참가자들이 외친 구호 역시 이런 모습을 잘 반영했다. 과거 민주화 운동 때의 경직된 구호와는 달리 유머와 재치가 번뜩이는 유쾌한 구호는 시위에 참가한 사람들에게 웃음을 선사했다.

반권위주의

기성세대들의 충격은 생각보다 컸다. 화염병과 쇠파이프로 연
상되는 기존의 폭력 시위가 아닌 촛불, 말, 음악이 결합된 즐겁
고 평화로운 축제에 그들은 어찌할 바를 몰랐다. 정부는 고정 관
념에 사로잡혀 집회에 배후가 있다고 주장했지만, 시민은 '배후
는 양초 공장', '양초는 내가 샀다, 200원', '우리의 배후는 우리의
이성理性이다'라는 구호로 맞섰다. 거리 행진을 두고 도로 교통법
위반이라고 경찰이 주장하자, 사람들은 횡단보도로 건너며 시위
를 이어갔다. 그 무엇도 시민의 자유로운 의사 표현을 막을 수는

촛불 집회에 참가한
청소년들 ⓒ 윤성효

없었다.

촛불 집회의 시작과 그 추동력이 10대 여고생들이었다는 사실도 매우 중요하다. 이 학생들이 자신의 주장을 청와대라는 거대 권력에 맞서 거침없이 말하는 것을 보고 많은 시민이 부끄러움을 느꼈다. '여름방학 다가온다. 이명박은 각오하라', '엄마 나 좌빨 아니야', '초딩까지 이렇게 나와야겠니?'라는 소녀들의 외침은 지금까지 권위에 짓눌려 자신의 의사를 제대로 표현하지 못하고 있던 많은 이들에게 현재 우리 사회를 다시 바라보게 했다.

2008년 촛불 집회가 열리던 당시 대다수 시민은 기성 정당들과 명확한 선을 그었다. 여당이든 야당이든 그들의 생각은 여전히 고루했으며 권위주의에 젖어 있다고 시민들은 생각했다. 이것 역시 68운동을 연상시킨다. 프랑스와 독일에서 학생들은 우파 세력은 말할 것도 없고 좌파의 권위주의에 대해서도 비판의 날을 세웠다. 한국에서 야당이었던 민주당 의원들이 촛불 집회에서 단역도 제대로 맡지 못했던 것은 바로 이들 세력에 대한 시민들의 불만을 잘 보여준다고 할 수 있다. 촛불 집회 당시 시민들은 어떤 정당과 조직에게도 운동의 주도권을 넘겨주지 않았다. 촛불 집회를 통해 깨닫게 된 것은 그동안 기존 운동 세력이 조직하고 전개해왔던 운동이 오히려 시민의 자유로운 정치의식을 막아왔다는 사실이었다. 시민들은 조직이 주도하는 수동적

시민들은 조직이 주도하는 수동적 참여를 거부함으로써 그들 각자가
이 집회의 주체임을 명확히 했다. 2008년 촛불 집회는 상상력과 자유
의 힘으로 기존 권위에 몸담은 모든 조직을 거부했다.

참여를 거부함으로써 그들 각자가 이 집회의 주체임을 명확히
했다. 2008년 촛불 집회는 상상력과 자유의 힘으로 기존 권위에
몸담은 모든 조직을 거부했다.

　한국에서 권위의 상징인 대통령은 당시 시민의 장난감으로
전락했다. 어느 누구도 대통령의 권위를 인정하지 않았다. 권
위를 인정받지 못한 대통령은 쓸쓸히 산에 올라가 눈물을 흘려
야만 했다. 시민들이 외쳤던 구호는 이를 잘 보여준다. '못 말리
는 광狂마우스', '국민은 위로, MB는 아래로', '대통령도 리콜이
되나요', '니가 대통령이면, 이완용이 애국자다', 'BOYS, be MB
shuts(소년이여, MB 입 좀 막아라)', '주인이 원한다! 꼴값 머슴 물
러나라', '청와대 방 빼!! —주인백', '이명박에 대한 국민적 정
의 : 이름은 명박, 관상은 쥐박, 개념은 외박, 경제는 쪽박, 퇴진은
급박, 이런 씨박.'

　기성 야당에 대해서도 시민들은 비판의 끈을 놓지 않았다. 우
선 '한미 FTA 찬성하는 민주당은 각성하라'라는 구호를 통해
민주당의 과거 정치에 대한 질타가 시민들 사이에서 터져 나왔
으며, 이후 야당 의원들이 태도를 바꾸어 집회에 참여하자 '뭐
하다가 이제 왔니?', '이제야 정신 차렸니!' 같은 구호를 통해 국
민의 뜻을 제대로 읽어줄 것을 촉구했다. 당시 시민들은 말끝마
다 '국민'을 파는 정치인들을 더 이상 신뢰하지 않았다. 그리고
여야 모두에 대한 비판은 한편으로는 무정부주의적 모습을 띠

기도 했다. 권위를 거부했던 시민들이 만들어낸 이러한 태도는
촛불이 68운동의 적자임을 명확히 보여주었다. 바로 이런 배경
하에서 '제발 아무것도 하지 마라!', '앞으로는 공약 안 하는 대
통령 뽑자. 공약이라면 겁난다'라는 구호가 나올 수 있었다.

다양성

촛불 집회에는 쇠고기 문제 이외에도 다양한 주장이 있었는데,
이 역시 68운동과 흡사하다. 우선 '미친 소, 미친 운하, 미치는 국
민', '운하 끝내자 쫌!'이라는 구호에서 알 수 있듯이 국민 대다수
가 반대하는 대운하를 왜 정부는 기어코 밀어붙이려는지 시민들
은 이해할 수 없었다. 게다가 정부가 추진하던 한반도 물길 잇기
및 4대강 정비 계획이 실제는 대운하 계획이라는 한 연구원의
양심선언은 시민의 분노를 자아내기에 충분했다.
　　또한 집회에서는 기성 언론의 왜곡 보도와 친미주의에 대한
비판도 나왔다. 이것은 마치 독일의 68운동 당시 보수 친미 언론
이던 악셀 슈프링어에 대한 학생들의 비판을 연상시킨다. 2008
년 당시 시민들은 거대 언론사 사옥 앞에 모여 '조, 중, 동, 니들
이 신문이냐?', '조중동으로는 똥 닦기도 싫어요, 배후는 이명박',
'조중동은 대통령을 바보로 만들기도 하고 쥐새끼를 대통령으
로도 만든다'라고 비판했다. 이후 시민들은 시위를 벌이고, 이들

2008년 여름 한국의 거리에는 자유롭게 생각하고 자신의 의사를 마음
껏 표출할 수 있는 민주주의의 고귀한 정신이 살아 숨 쉬었다.

신문의 광고주에 대해 불매 운동까지 전개했는데 이 모든 것은
사람들로 하여금 공정한 언론의 중요성을 다시 한번 생각하게
했다.

경제 정책에서도 '땅 투기와 부동산 투기범이 지배하는 세상
은 안 된다', '이명박은 강부자, 고소영과 불륜을 그만둬라'라고
말함으로써 서민을 생각하는 정치를 정부에 요구했으며, 정부
의 민영화 정책에 대해서도 '물 민영화, 의료 보험 민영화, 공기
업 민영화 반대한다', '광우병 소 먹고, 의료 민영화로 죽거든 대
운하에 뿌려다오'라고 외쳤다. 교육 정책에서도 학생과 학부모
들은 '0교시 수업, 우열반 반대', '미친 교육 반대한다', '일제 고
사 반대한다' 같은 구호를 외치며 경쟁 위주의 교육, 서열 세우
기 교육에 반대했다.

시민들은 약자를 위한 사회, 자유와 인권을 존중하는 민주주
의 사회를 위해 거리로 나왔다. 그리고 이를 위해 권위주의, 시
장 만능주의, 신자유주의에 대한 반대를 명확히 표현했다. 또한
촛불 집회 당시에 나온 구호들을 통해 그들은 모든 권력을 상상
력에 부여하고자 했다. 2008년 여름 한국의 거리에는 자유롭게
생각하고 자신의 의사를 마음껏 표출할 수 있는 민주주의의 고
귀한 정신이 살아 숨 쉬었다.

그러나 68운동과 촛불 집회는 소기의 성과를 얻지 못한 채 사
그라지고 말았다. 하지만 이 두 운동을 한순간의 불장난으로 치

일제 고사에 반대하는
시민 촛불 문화제
포스터

부해서는 안 될 것이다. 서구에서 68운동의 주장이 이후 시민 운
동으로 사회 깊숙이 자리 잡아 나갔듯이, 한국 사회에서도 촛불
집회를 통해 외쳤던 주장은 사회 곳곳에 뿌리를 내릴 것이다.

　글을 쓰고 있는 지금, 6·10 민주 항쟁 22주년 범국민대회를
위해 5만 명이 넘는 사람들이 1년 전 촛불 집회가 열린 서울 광
장에 다시 모였다. 이것은 68운동에서 출현한 자율과 상상력의

정치 그리고 민주주의의 정신이 이미 한국 사회에서 일상화되었음을 보여준다. 어떠한 경우에도 민심을 거스르는 정부는 오래 지속될 수 없다. 그것은 정부의 존재 자체가 민심을 수용하라고 만들어진 것이기 때문이다. 2008년에 한국 사람들이 경험한 공동의 기억과 저항 의식은 이후 성숙한 민주주의의 발전에 크게 기여할 것이다. "강과 바다가 모든 골짜기의 왕이 될 수 있는 까닭은 스스로 낮추었기 때문"이라는 노자의 말을 권력을 가진 자들이 다시 한번 상기하기를 바란다.

● 개념의 연표–68운동

- **1964년 9월 14일 | 미국 버클리에서 자유 발언 운동 시작**
  대학 당국의 정치 활동 금지 조치에 대항해 시작한 후 냉전 체제에 대한 비판으로 확산

- **1965년 2월 21일 | 미국에서 맬컴 엑스 암살**
  블랙 파워 운동의 강한 행동주의 표방

- **1965년 5월 7일 | 독일 베를린 자유대학에서 에리히 쿠비의 연설 금지**
  학생들의 수업 거부 운동과 시위 전개의 계기

- **1966년 10월 15일 | 미국 오클랜드에서 블랙팬더당 창당**
  불의한 권력과 차별에 맞선 무장 저항을 공개적으로 추구

- **1967년 5월 20일 | 미국 뉴욕에서 사랑, 평화, 반전의 기치를 내세운 플라워 무브먼트Flower Movement 전개**
  기성세대의 도덕관과 조직화된 산업 사회를 거부하며 집단적 공동 사회를 이룬 반문화로 확산

- **1967년 6월 2일 | 독일에서 이란 국왕 팔레비의 방문에 항의하는 시위 도중 베를린 자유대학 학생 베노 오네조르크 사망, 가해 경찰의 사면으로 시위는 더욱 확산**
  영국에서 비틀스의 〈서전트 페퍼스 론리 하츠 클럽 밴드〉 발매, 대중음악의 승리이자 콘셉트 앨범이 탄생할 수 있는 시발점 제공

- **1967년 10월 21일 | 미국 펜타곤 시위**
  전쟁 주무 부처를 직접 겨냥한 반전 시위였다는 점에서 큰 상징성과 의미를 띰

- **1967년 11월 17일 | 프랑스 낭테르 대학의 사회학과 학생들을 중심으로 10일간 동맹 휴업**
  엄격한 기숙사 규정, 경직된 교수 내용, 위압적이고 가부장적인 대학 분위기의 종식을 요구

- **1968년 1월 16일 | 미국에서 국제청년당 창당**
  자본주의에 대항한 혁명적 전망을 제시

- **1968년 2월 17~18일 | 독일에서 국제 베트남 회의 개최**
  프랑스, 독일, 영국, 미국의 대표자를 비롯해 1만여 명이 참가해 제3세계의 해방 주장

- **1968년 3월 22일 | 프랑스에서 3월 22일 사건 발생**
  아메리칸 익스프레스 사무실을 습격한 학생들이 체포된 후 다니엘 콘 벤디트의 주도로 낭테르 파리 대학 분교 점거

- 1968년 4월 4일 | 미국에서 마틴 루서 킹 목사 암살
  흑인 민권 운동의 고조

- 1968년 4월 11일 | 독일에서 독일사회주의학생연맹의 지도자 루디 두치케 암살 미수 사건 발생
  친미 언론인 슈프링어에 반대하는 시위로 확산

- 1968년 5월 2일 | 프랑스에서 낭테르 대학 휴교 조치
  학생들과 교원 노조가 대학 당국의 권위주의적 태도에 항의

- 1968년 5월 3일 | 파리 거리 시위, 경찰의 강제 해산
  경찰의 소르본 캠퍼스 난입으로 부상자 다수 발생

- 1968년 5월 6~7일 | 소르본 대학이 있는 생-미셀 거리에서 대규모 시위
  학생들이 바리케이드를 설치하고 차량에 방화

- 1968년 5월 19일 | 프랑스에서 칸 영화제 취소
  관객의 능동성과 비판 의식을 높이기 위한 영화 제작과 자본의 지배로부터 벗어나려는 움직임이 나타남

- 1968년 5월 21~25일 | 프랑스에서 약 1000만 명의 노동자 파업
  노조 지도부와 학생들의 갈등 가시화

- 1968년 5월 27일 | 프랑스에서 퐁피두 총리가 그르넬 협정 발표
  노동자들은 협정 내용을 받아들이지 않고 파업 지속

- 1968년 6월 30일 | 프랑스 총선에서 드골의 압승
  우파는 총 의석 수의 70퍼센트 이상을 장악하는 대승리를 거둠

- 1968년 8월 20일 | 프라하의 봄 종결
  바르샤바 조약 기구의 5개국 군대 20만 명이 체코슬로바키아를 침공해 둡체크를 소련으로 연행

- 1968년 10월 8일 | 프랑스에서 에드가르 포르 교육 개혁안 발표
  학생들의 요구를 받아들여 교육 주체들의 학교 운영 참여 및 학제 간 연구 장려

- 1969년 1월 18일 | 도쿄 대학의 야스다 강당에서 전공투 패배
  운동 방식의 과격화와 노선 투쟁으로 점차 대중의 지지 상실

- 1969년 4월 28일 | 프랑스에서 드골이 국민 투표에서 패배한 후 대통령직 사임
  자신의 신임과 지방 개혁안을 국민 투표에 부쳤지만 52.42퍼센트의 국민들이 반대

- 1969년 7월 3일 | 이탈리아 토리노의 노동자 시위
  노동자의 자율성을 보장하라는 구호 등장

- 1969년 8월 15~17일 | 미국에서 우드스탁 페스티벌 개최
  미국 뉴욕 주 남동부 베델 마을에서 열린 음악 축제로 약 50만 명이 참여했으며 반

전 · 반문화 운동으로 승화

- **1970년 3월 | 프랑스 대학 개혁 추진**
  파리의 국립대학이 13개 대학으로 개편, 평준화됨

- **1971년 4월 5일 | 프랑스에서 슈발리에 사건 후 유명 인사 343명이 낙태 고백, 피임과 낙태 시술의 자유 주장**
  343명에 대한 조사는 거의 이루어지지 않았고, 이들과 일반 시민을 다르게 대하는 법원의 모순적 태도는 거센 논란과 비판을 불러일으킴

- **1972년 7월 | 미국에서 글로리아 스타이넘의 주도로 페미니스트 잡지 《미즈Ms》 창간**
  여성의 의회 진출, 인종과 계층을 넘어선 연대 운동 확산

- **1973년 3월 29일 | 미국 닉슨 대통령, 베트남 전쟁 종결 선언**
  미국이 전비 조달을 위해 천문학적으로 달러를 찍어댄 결과 전 세계 인플레이션 발생

- **1974년 4월 25일 | 포르투갈에서 젊은 장교들이 카네이션 혁명 일으킴**
  살라자르의 독재 정권 붕괴, 종교의 자유 허용

- **1975년 1월 17일 | 프랑스에서 '베유 법' 통과**
  5년간 임신 10주 내에 한해 낙태 허용

- **1976년 | 독일에서 '신공동결정법' 통과**
  철강, 석탄 외의 민간 기업으로 종업원 2천 명 이상의 사업장에서 일하는 노동자들의 의사 결정과 협의 권한 확보

- **1978년 | 독일에서 새로운 주거 공동체로서 코뮌 조직**
  8만 명의 청년들이 1만여 개의 거주 공동체 결성

- **1979년 | 프랑스에서 낙태 합법화**
  1982년 이후에는 낙태 수술에 의료 보험 혜택이 적용되었으며 임신의 임의 중단을 허가하는 법 개정

- **1981년 5월 10일 | 프랑스 대통령 선거에서 사회당의 미테랑 당선**
  사회당 출신 첫 대통령. 68운동의 정치적 주장은 사회당의 승리를 통해 어느 정도 영향력을 이어감

- **1986년 6월 12일 | 프랑스 교육부 장관 알랭 드바케, 미국식 교육을 모델로 한 대학 개혁 법안 발표**
  여러 대학 총장과 학생들이 교과 선택권 제한과 대학 간 격차 유발을 이유로 반대, 법안 철회

- **1987년 6월 | 한국에서 민주화 항쟁**
  대통령 직선제 주장, 이후 7~9월 노동자 대투쟁을 통해 노동조합 확산

- **1989년 11월 9일 | 독일에서 베를린 장벽 붕괴**
  동유럽 공산주의 정권의 체제 붕괴 시작

- **2008년 여름 | 한국에서 미국산 쇠고기 수입 문제를 시발로 촛불 집회 발생**
  시민들이 집단 지성을 발휘하는 가운데 다양한 상상력이 자유롭게 분출됨

'비타 악티바'는 '실천하는 삶'이라는 뜻의 라틴어입니다. 사회의 역사와
조응해온 개념의 역사를 살펴봄으로써 우리의 주체적인 삶과 실천의 방향을
모색하고자 합니다.

비타 악티바 12

68운동

초판 1쇄 발행 2009년 8월 15일
초판 4쇄 발행 2023년 5월 26일

지은이 이성재

펴낸이 김현태
펴낸곳 책세상
등록 1975년 5월 21일 제2017-000226호
주소 서울시 마포구 잔다리로 62-1, 3층(04031)
전화 02-704-1251
팩스 02-719-1258
이메일 editor@chaeksesang.com
광고·제휴 문의 creator@chaeksesang.com
홈페이지 chaeksesang.com
페이스북 /chaeksesang 트위터 @chaeksesang
인스타그램 @chaeksesang 네이버포스트 bkworldpub

ISBN 978-89-7013-729-2 04300
     978-89-7013-700-1 (세트)